Educational Technology

교육공학의 기초

Educational Technology

교육공학의 기초

남정권 지음

한국학술정보㈜

- What is the most valuable in this world is to applaud God.

  -Nam Jeong Kwun-

- The mediocre teacher tells. The good teacher explains.
  The superior teacher demonstrates. The great teacher inspires.

  -William Arthur Ward-

성경에 보면 태초에 혼돈이 있고 흑암(黑暗)이 있었다.

그것이 변하여 오늘날 카오스(Chaos) 이론이 되고 복잡계(complexity) 이론이 되었다. 천지가 창조된 이후 빛이 있었던 것처럼 그동안 너무나도 멀리 우리 곁을 떠나 있었던 교육공학(ET: Educational Technology)은 이제 우리의 실생활과 밀접하게 연관되어 있고, 그 필요성이 날로 더해 가는 이 시대에 한 줄기 빛이 되어 돌아와야만 했다. 우리 곁에 함께 있어야 할 교육공학은 어느새 지구를 떠나 버린 외계인(ET: Extraterrestrial)이 되어 버려 우리의 머릿속에서 잊혀져가는 존재로 남아 있었다. 가까이하기에는 너무나 어려웠고, 교육공학자들만의 소유물이 되어 버린 느낌마저 드는 교육공학은 이제 더 이상 외계인으로만 머물러 있어서는 안 된다는 생각이다. 우리의 곁을 친근하게 다시 찾아와 인간과 함께 호흡하고 우리의 일상 속에서 오래도록 생명력을 발휘해야만 한다. ET(Educational Technology) is not more than ET(Extraterrestrial).

이러한 취지에서 이 책은 쓰였다. 따라서 특정 부분의 강조보다는 교육공학 개론의 형식을 빌려 나름대로의 글을 정리해 보았다. 대학에서 교직을 이수하려는 비사범계 학생이나 교육공학의 초보적인 지식을 배우고자 하는 사람을 대상으로 언제, 어디서나 쉽게 읽을 수 있도록 가능한 군더더기는 피하고 개념 중심으로 내용을 엮었다. 모두 일곱 개의 장으로 구성하였으며, 제1장 교육공학의 개념, 제2장 교육공학의 주요이론, 제3장 수업체제설계(ISD), 제4장 인적자원개발(HRD), 제5장 매체와 교수·학습방법, 제6장 웹기반 학습(WBI), 제7장 원격교육활용론 등을 다루었다.

잊혀져가는 교육공학을 다시 되살리기 위해 아직은 뼈대만 세운 엉성한 외계인의 모습으로 우리들 곁을 찾아왔지만, 좀 더 살을 붙이고 영양을 공급하고 활력을 주고 다듬어서 건강한 모습으로 더 가까이 다시 찾아올 것을 약속드린다.

그러한 ET에 영양을 주고 활력을 주고 관심과 사랑을 갖는 일! 그것은 우리들이 할 일이라는 생각이 든다. 이 책이 나오기까지는 많은 분들의 도움이 있었다. 한국학술정보(주) 대표이사님과 출판 관계자 분들께 깊은 감사를 드린다. 또한 늘 묵묵히 옆에서 기도해주고 격려해준 동반자 류재숙 님과 사랑하는 두 자녀 송희, 지희와 함께 출판의 기쁨을 나누고 싶다.

2012년 3월
햇살 고운 어느 날
서해 낙조가 아름답게 빛나는
인천 검단 힐스테이트에서
남정권

| 목 차 | contents

■■■ 제1장   교육공학의 개념

제1장
교육공학의 개념

1. 개념

(1) 교육의 의미

교육에 관한 정의는 여러 가지 의미로 정의될 수 있다. 일반적으로 교육이란 인간이 각자 지니고 있는 적성이나 소질, 취미, 끼, 성향 등의 잠재된 능력을 찾아내어 개발하고 이끌어 내어 학습자 스스로 학습할 수 있도록 학습자를 안내하고 조력(助力)하는 행위이다. 잠재된 능력이란 선천적으로 타고난 재능이나 소질 등이 학습자의 내면 깊숙이 감추어져 있기 때문에 겉으로 드러나 보이지 않는 능력으로서, 이러한 능력이 외부에 표현되어 나타날 때 독창성이나 참신성이 되는 것이다. 따라서 독창성은 다른 사람이 도저히 흉내 내거나 따라올 수 없는 끼나 개인의 성향으로 표출되며, 이러한 끼나 성향이 핵심역량(core competency)과 결합되어 나타날 때 그 힘은 메가톤 급 이상의 무한한 능력을 보이게 된다. 따라서 독창성은 소우주라 불리는 인간의 뇌 속에 깊이 자리하고 있기 때문에 잠재된 인간의 능력과 끼, 또는 성향을 언제든지 찾아내 개발하는 노력이 필요하며, 이를 위해서는 교육이라는 도구를 통해 탐색하고 발견되어야 한다.

교육을 위해서는 무엇보다 교육의 주체인 학습자와 교수자 간의 상호작용과 함께 교수자의 역할이 중요하다. Bruer(1993)는 종래의 학습에 대해 단순한 지식과 기술 습득보다는 전문적인 수행(performance)에 관심을 갖고 학습에 관련된 영역의 학습 요소들을 결합하고 연결해야 한다고 말하였다. 또한, 학습에 있어서는 무엇보다 배운 지식을 활용하기 위한 전이(transfer)가 매우 중요한 요소라고 주장하였다. 그러한 이유는 전이가 어떤 기술이나 영역에 대해 그것과 관련된 다른 것을 배우는 데 도움을 줄 수 있으며, 지식이 전이될 때 관련된 내용을 미리 학습한 사람은 그렇지 않은 사람보다 쉽게 학습할 수가 있는데, 이는 테니스를 미리 배운 사람이 스쿼시를 쉽게 배울 수 있는 것과 같은 이치이기 때문이다.

가드너는 인간의 지능이 단 하나의 현상이 아니라 최소한 8가지 영역으로 구성되어 있다고 말하였다. 따라서 다양한 방법으로 학습하고 지능을 평가해야 하며, 수업에 있어서 아젠다(Agenda), 분절화(lesson segments), 설명(explanation) 등 세 가지 요소를 충분히 고려하여 학습자를 돕는 교수 기술이 필요하다. 여기서 아젠다란 수업시간에 학습해야 할 주제에 대한 것이며, 분절화는 학습해야 할 요소나 주제를 잘게 쪼개고 나누는 것을 의미한다. 또한, 설명은 학습자에게 단순히 지식을 전달하는 것이 아니라 제대로 전달할 수 있는 기술이나 능력을 포함한다.

지식은 단순히 존재하는 사물들을 인지하는 것만이 아니라, 존재하는 사물들에 대해 인지된 정보들을 이해하고, 이해된 지식이 학습자의 행동을 통해 우리의 삶을 변화시키는 요소가 되어야만 한다. 따라서 매일 변화되어 가는 우리의 삶 속에서 학습은 학습자로 하여금 긍정적이고 미래 지향적인 요소로 변화되도록 안내하는 것이며, 그러한 상황 속에서 학습자를 안내하고 조력하는 것이 교수자의 역할이다. 따라서 교수자는 학습자 스스로 사고할 수 있는 분위기와 조건을 제공해 주고, 학습자가 올바른 방향으로 학습할 수 있도록 학습자의 생각을 깊이 있고 풍부해지도록 도와주고 안내해야만 한다. 이러한 과정을 통해 학습자는 자신이 지식을 습득하는 일이 무엇과도 바꿀 수 없는 기쁨이란 것을 스스로 체험할 수 있을 것이다. 또한, 교수자는 단지 학습자를 피동적이고 수동적인 존재로서 명령하고 지시를 통해 이끌어 가는 것이 아니라, 학습자가 능동적인 학습의 주체자로서 스스로 탐색하고 생각하며 창조할 수 있도록 도와주어야 한다. 그러한 이유는 교수자의 역할이 학습자 내면 깊숙이 존재해 있는 창의적이고 다양한 요소들을 이끌어 내도록 도와주는 조력자(助力者)이기 때문이다.

학습자들은 성숙되고 완성된 존재가 아니라 발달단계에 있기 때문에 미성숙되고 불완전한 상태로 존재한다. 특히, 학교 현장에서 학습자는 어떤 지식을 받아들이고 이해하는 데 있어서 마치 한 장의 백지와 같아서 그 백지 위에 다양한 그림을 그리는 화가의 사상(思想)에 따라 각기 다른 모습의 그림이 그려지는 것과 같은 이치이다. 우리가 교육을 할 때 조심스러운 것은 바로 이러한 그림의 순수성이 교수자에 의해 잘못된 방향으로 왜곡되거나 변질되지 말아야 하며, 교수자가 너무 지나치게 간섭하거나 개입함으로써 학습자의 독창적이고 기발한 아이디어가 무시되거나 변형된 지식으로 창출되는 어리석음이 있어서는 안 될 것이다. 특히, 학습자가 어릴수록 교수자에 의해 학습 상황이 크게 영향을 받기 때문에 교수자의 의지와 의식, 사상, 교육철학 등은 학습자에게 매우 큰 영향을 미칠 수밖에 없다.

학습자는 학습하기 이전의 상태에 있어서 학습자 개개인이 다양하고 복합적이며 창의적인 학습 요소들을 지니고 있다. 따라서 무엇보다 교수자의 역할이 더욱 중요하며, 교육의 방향도 이러한 교육 패러다임(Paradigm)의 변화에 맞게 다양하고 융통성 있게 변화되어야만 한다. 그러한 이유는 같은 학습 내용일지라도 지역적 특성과 상황적 특성에 따라 학습하는 방법과 가르치는 방법이 다르기 때문이다. 따라서 학습자가 보다 창의적인 학습력을 지니기 위해서는 다음과 같은 교수방법을 적용해 볼 필요가 있다.

첫째, 교수자가 학습자에게 질문할 때에는 학습자에게 충분히 생각할 수 있는 기회를 주어야 한다. 이는 교수자에 의해 이미 안내된 학습내용을 학습자가 단순히 무조건 받아들이도록 환경 요소를 만드는 것이 아니다. 이는 학습자에게 주어진 상황 속에서 스스로 생각하고 깨달아 알아 갈 수 있는 시간을 주어 학습자 속에 내재되어 있는 학습자의 생각과 사고를 밖으로 이끌어 낸 후, 학습자 스스로 해결할 수 있도록 안내하는 것을 의미한다. 다시 말해 학습자에게 질문을 할 때 교수자 스스로 그 문제에 대한 답을 바로 말하는 것이 아니라, 학습자가 다소 늦게 대답할지라도 기다려 주고 참아 주는 노력이 필요하다. 그러한 이유는 학습자가 긍정적으로 대답하기도 하지만 때로는 부정적이거나 잘못된 응답의 경험을 통해서도 학습할 수 있기 때문이다.

둘째, 학습자로 하여금 행동으로 옮길 수 있는 기회가 주어져야 한다. 진정한 학습이란 실제적인 경험이나 체험이 없이 단순히 이론적인 요소만으로 존재하지 않는다. 따라서 지식 습득을 통해 그 의미를 깨닫고 우리의 생활 속에서 응용됨으로써 삶의 한 부분으로 스며들 수 있도록 학습되어야 한다. 학습자가 이러한 변화를 일으키기 위해서는 습득한 지식을 주어진 삶 속에 적응시켜 행동할 수 있는 능력이 있어야만 한다. 또한, 교수자는 실습이나 체험학습 등을 통해 그러한 능력을 기르도록 해야만 한다. 가령, 학습자가 꽃이 아름답다고 이론적으로 배웠을 때 책 속에 있는 내용을 단순히 암기만 하는 것이 아니라, 학습자들을 산과 들, 그리고 아름다운 꽃들이 만발해 있는 장소로 직접 데리고 나가 자연의 아름다움과 여러 가지 현상들을 학습자 스스로 주의 깊게 관찰하고 지적 호기심을 갖도록 자극하는 것이 필요하다.

셋째, 교수자는 학습자에 대해 스스로 긍정적인 패러다임을 가져야 할 뿐만 아니라 학습자가 긍정적인 패러다임을 갖도록 지도해야 한다. 이를 위해 필요한 것이 효과적인 의사소통이다. 교수자와 학습자 사이의 긍정적인 패러다임은 상호 간에 신뢰감을 줄 수 있을 뿐만 아니라, 교수자 주도형의 일방적인 수업 형태에서 벗어나 학습자가 교수자에게 지적 호기심을 해결할 수 있는 질문 기회를 제공하고 나아가 서로간의 상호작용적 학습이 이루어질 수 있기 때문이다. 따라서 교수자는 학습자가 학습내용을 올바르게 인식하고 인지하며 학습해 나갈 수 있도록 안내하고 도와주는 조력자나 상담자이며, 동시에 학습자의 잠재된 능력 등을 찾아내고 이끌어 내는 발견자가 되어야 한다.

학습자의 역할과 함께 학습에 관련된 내용을 정리하면 다음과 같다.

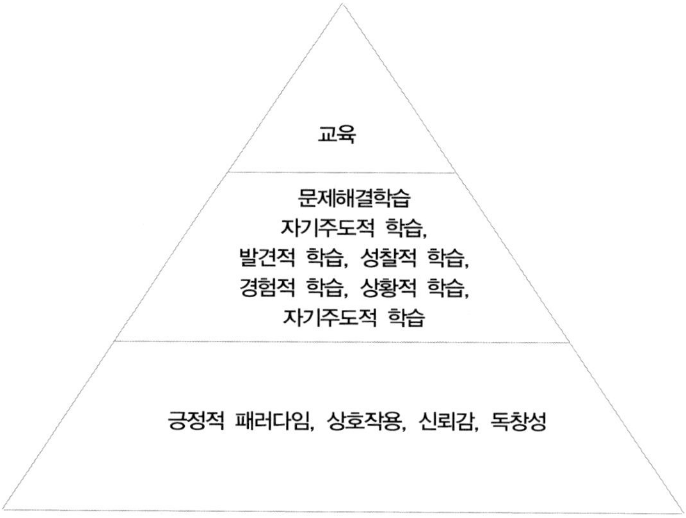

〈그림 1-1〉 교육을 위한 학습방법의 모형

교육

문제해결학습
자기주도적 학습,
발견적 학습, 성찰적 학습,
경험적 학습, 상황적 학습,
자기주도적 학습

긍정적 패러다임, 상호작용, 신뢰감, 독창성

(2) 공학의 의미

공학은 크게 하드웨어(Hardware)와 소프트웨어(Software)의 두 가지 관점으로 나누어 볼 수 있다. 하드웨어적인 면으로 보는 협의(狹義)의 관점은 공학을 단순한 기계나 장치, 또는 그러한 장치를 만드는 기술(technique)을 뜻한다. 그러나 좀 더 소프트웨어적인 면으로 보는 광의(廣義)의 관점에서 공학은 하드웨어로서의 단순한 기술을 의미하는 것이 아니라, 장인 정신이 녹아 있는 예술적 관점으로서의 기예(art) 또는 기술(craft)을 뜻하는 techne라고 할 수 있다. 또한, 공학(technology)이란 어원 자체가 단순히 기계 또는 장치만을 지칭하는 것이 아니라, 소프트웨어적인 측면에서 예술이나 기

술, 기예를 의미하는 techne와 '～에 관한 탐구'를 의미하는 logos
의 합성어가 만들어져 결국은 예술, 기술, 기예에 관한 탐구를 뜻한
다. 따라서 공학은 하드웨어적인 면으로서의 공학보다는 소프트웨
어적인 면으로서의 공학이 좀 더 교육공학에 접근한다고 보겠다.
그러한 이유는 교육공학에서는 단순히 제작된 기계나 장치를 사용
하기보다는 하드웨어적인 공학적 매체(media)를 활용하여 수업의
목적을 달성하려는 것이 목적이기 때문에 그러한 장치나 기계를
어떻게 효율적이고 효과적으로 사용하여 교육적 가치를 구현할 것
인가에 관심을 두기 때문이다. 따라서 공학적인 매체 자체의 특징
이나 속성, 구성 요소 보다는 그러한 매체를 어떻게 효율적으로 활
용하여 교육적인 효과를 낼 것인가에 관심을 두고 교육과정에 대
한 수업설계가 이루어져야 할 것이다.

수업설계는 설계자의 의도에 따라 다양한 설계가 이루어질 뿐만
아니라 교육방식이나 교수내용, 교수자, 학습자 등 여러 요인들에
의해 선택적으로 공학적인 매체를 활용하게 된다. 따라서 교육공학
에서의 공학이란 의미는 예술성과 기술성을 포함한 소프트웨어로
서의 공학이 적합할 것이다. 예를 들어 컴퓨터라는 매체를 활용하
여 수업을 한다고 가정해 보자. 이때, 교수자는 설치된 컴퓨터를 수
업시간 동안 작동시켜서 사용만 하는 것이 아니라, 사전에 수업자
의 특성이나 선수지식 등을 미리 분석하고 파악하여 언제, 어떻게
컴퓨터라는 매체를 효율적으로 사용할 것인가를 설계하고, 나아가
그러한 설계 요소를 바탕으로 실제 학습에 필요한 학습 자료들을
연구·개발해야만 한다. 따라서 수업시간에 단순히 컴퓨터라는 하
드웨어로서의 장치만을 사용하는 것이 아니라, 컴퓨터라는 매체 속

에 담겨지는 학습자료의 개발을 통해 학습자의 인지적 상황을 돕고 지원하는 체제적(systemic) 설계가 선행되어야 한다.

(3) 교육공학의 의미

교육공학에 관한 정의는 여러 가지 의미로 정의되고 있다. 우선, 교육공학(Educational Technology)이란 학습자의 창조적 사고와 학습효과의 극대화를 위해 공학의 원리와 기법이 교육 및 훈련(training) 분야에 적용되어지는 모든 경우의 총칭으로서, 문제해결을 위해 학습과정과 자원의 설계, 개발, 활용, 관리, 평가를 간 학문적 접근을 통해 총체적으로 연구 및 개발하는 실천적 응용학문으로 정의하고 있다. 1994년 미국교육공학회(AECT: Association for Educational Communication and Technology)에서는 학습을 위한 과정과 자원을 설계, 개발, 활용, 관리, 평가하는 이론과 실제로 정의한 바 있다(Seels & Richey, 1994). 한편, AECT의 교육공학 정의·연구위원회(D & TC: Definition and Terminology Committee, 2004)에서는 교육공학이란 적절한 공학적 과정과 자원의 창조, 활용, 관리를 통해 학습을 촉진하고 수행을 개선하는 연구와 도덕적 실천으로 정의하고 있다. 따라서 최근의 교육공학은 단순히 매체의 설계나 활용, 관리 및 평가를 넘어서서 능동적인 학습자를 위한 촉진자의 역할과 윤리의식까지 포괄적으로 포함하고 있다. 따라서 교육공학의 영역인 설계, 개발, 활용, 관리, 평가의 다섯 가지를 각각 소개하면 다음과 같다.

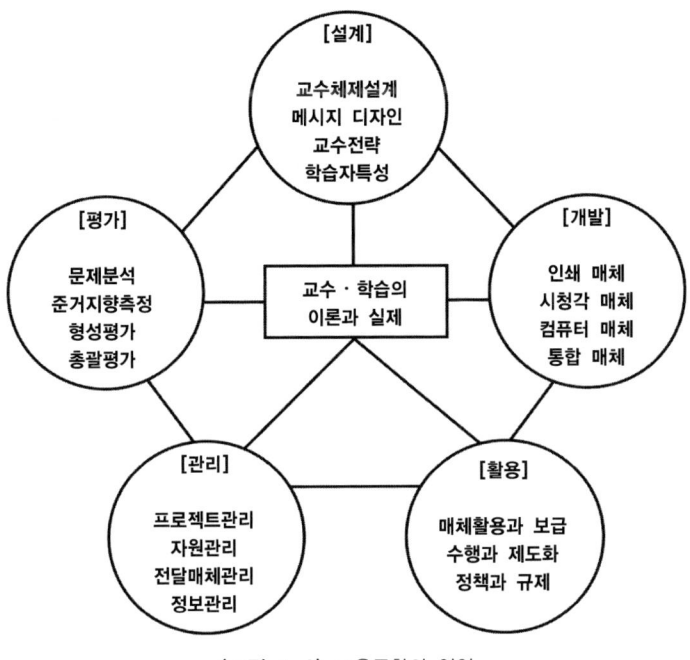

〈그림 1-2〉 교육공학의 영역

설계: 설계는 교수·학습에 대한 조건을 구체화하는 단계로서, 교수체제설계를 비롯하여 메시지 디자인, 교수전략, 학습자 특성에 관한 부분이다. 교수체제는 수업체제설계(ISD: Instructional Systems Design) 모형에 근거하여 각각의 단계를 조직화하는 과정이다. 메시지 디자인은 메시지의 물리적 형태에 관해 조작하는 계획을 세우는 것을 말한다. 이를 위해서는 메시지를 전달하고 받는 송신자와 수신자의 의사소통을 지원하는 전략이 필요하다. 교육공학적 관점에서는 화면 설계와 매체에 관한 글자라든지 색상, 크기 등을 의미하기도 한다. 교수전략은 하나의 학습 단위에 대한 학습활동의 선택과 순서화를 정하는 것을 말한다. 이는 학습 단원과 교과 내용에

따라 각기 다른 전략이 요구된다. 학습자 특성은 학습자가 학습을 할 경우, 영향을 미치는 학습자의 배경이나 문화, 맥락적인 요소를 가리키는데, 이는 교수설계를 할 때 고려해야 하는 중요한 요소 가운데 하나이다.

개발: 개발단계는 설계된 내용을 토대로 매체나 테크놀로지 등 학습에 필요한 것들을 물리적으로 만들어 내는 과정이다. 따라서 단순히 매체를 제작하는 것만을 뜻하는 것이 아니라, 학습 내용의 중심이 되는 메시지와 이론에 기초한 교수전략, 하드웨어나 프로그램과 같은 공학적인 물리적 요소들이 포함되어야 한다.

활용: 활용단계는 교육공학의 영역 가운데 가장 오래된 부분으로서 학습을 위해 과정과 자원들을 사용하는 것을 말한다. 매체의 활용뿐만 아니라 새로운 아이디어에 관한 확산을 위한 의사소통이나 인식, 설득, 결정, 활용, 확인의 과정들도 필요하다. 또한, 실제 교수·학습 현장의 적용과 함께 교육공학을 지원하기 위한 정책이나 제도적인 요소까지 광범위하게 포함하고 있다.

관리: 계획하고 조직하며 조정하고 감독하는 통제 기능을 뜻한다. 이는 성공적인 교육공학을 위해 물적·인적자원의 관리와 함께 프로젝트 관리, 전달체제 관리, 정보관리 등을 모두 포함한다.

평가: 평가단계는 교수·학습 활동이 제대로 이루어졌는지에 대한 적절성을 알아보는 과정이다. 따라서 문제분석과 함께 원하는 기준에 도달했는지를 평가하는 준거지향 평가, 교수·학습 활동의 개선을 위한 형성평가, 교수활동의 가치와 적절성을 측정하기 위한 총괄평가 등이 모두 포함된다.

교육은 주어진 수업목표에 도달하기 위해 얼마나 배웠느냐는 양(量)적인 측면보다는 무엇을 어떻게 배웠느냐는 질(質)적 측면에 대한 중요성이 더 부각되어야 한다. 이는 주어진 시간에 정해진 분량을 학습하기 위해서는 과정론적 측면인 효율성(efficiency)과 함께 결과론적 측면인 효과성(effectiveness)이 고려되어야 하는 것을 뜻한다. 학습에 있어서 무엇을(what), 어떻게(how) 배우는가 하는 문제는 보다 경제적인 학습방법을 찾아내는 것이며, 궁극적으로는 학습방법의 효율성과 효과성을 고려하는 것이다. 여기서 효율성이란 학습에 있어서 어떻게 경제적으로 수업목적을 달성할 것인가에 관한 문제로서, 학습과정에 대해 소요되는 시간과 경비 등에 관한 요소이다. 또한, 효과성은 얼마나 수업목적을 달성하였는가에 관한 것으로서, 과정보다는 결과에 관련되어 있다. 따라서 교육공학은 교육이 추구하는 목표 달성을 위해 기존의 교육방법이 아닌 새로운 공학적 매체와 방법을 활용하여 학습자가 보다 효율적이고 효과적으로 학습할 수 있도록 학습을 도와주기 위한 심리학, 공학, 경제학, 예술 등의 학문들이 함께 어우러져 교육목적을 달성하는 간학문이며, 일련의 실천적 응용학문이다.

반면, 교수공학(instructional technology)은 교수관리 기능과 교수개발 기능, 교수 체제 구성요소, 학습자 영역을 가진 교육공학의 하위 개념이다. 따라서 학습이 체계적으로 계획되고 통제되는 상황에서 일어나는 모든 문제들을 분석하며, 그에 대한 해결책을 찾아내 실행하고 평가 및 처리하기 위해 요원, 절차, 아이디어, 교구 및 조직 등을 포함하는 복합적이고 통합적인 과정으로 정의하고 있다. 그러나 최근 AECT에서는 교육공학이 교수공학을 포괄하는 개념으로 규정하고 있다. 이러한 교육공학의 발전 과정을 살펴보면 다음과 같다.

〈표 1-1〉 교육공학의 발전 과정

연도	발전 과정	관련 이론
1600		
	[초기]	
1700	· 감각적 실학주의	· 코메니우스의 세계도회
	· 낭만적 자연주의	· 루소
1800	· 활동중심 교육	· 페스탈로치, 프뢰벨, 몬테소리
	· 자료를 활용한 교육	
1900		
	· 진보주의 교육	· 듀이
1920	[시각 교육]	· 시각교육운동
1930		· 호반에 의한 시각자료와 교과 과정의 통합
1940	[시청각 교육]	
		· 시청각교육운동
		· 데일의 경험의 원추
1950	[시청각 교육 통신]	
	· 통신이론	· 벌로의 SMCR 모형
	· 초기 체제 개념 등장	· 섀넌과 슈람의 통신과정 모형
	· 시청각 교육통신	· 핀의 교육공학 용어 최초 사용
	· 교육공학 정의	· 핀의 교수체제
		· 시청각 교육통신 모형
1970	[초기 교수공학]	
	· 행동주의 심리학	· 프로그램학습과 교수기계
	· 체제접근과 교수개발	· 미국교육공학회(AECT) 등장
		· 다양한 교수매체 출현
1980	[교육공학]	
	· 교육공학 정의	· 교육공학의 정의
		· 컴퓨터의 교육적 활용
1990		· 인지 심리학 영향
	· 교수공학 정의	· 교수공학의 정의 및 영역
		· 인터넷, 가상교육
2000		· 다양한 매체의 급속한 출현
		· 학습자 중심의 학습 개념

2. 교육과 공학과의 관계

교육공학은 교육에서의 공학, 교육의 공학, 인간의 공학으로 각각 나눌 수 있다. 교육에서의 공학은 매체중심의 교육인 하드웨어로서의 공학을 뜻한다. 예를 들어 비디오 시청을 활용한 수업이 이에 해당된다. 따라서 교육에서의 공학은 수업의 제반 특성이나 요구 및 흥미, 관심 등을 고려하지 않으며, 학습자의 요구나 학습내용이 중요시되지 않는 단순한 시청각 매체를 의미한다. 이는 가르치는 교수자가 교육적 필요에 따라 매체를 선택하여 활용하기 때문에 교수로서의 교육공학이라고 할 수 있다. 이러한 수업은 교수자 중심의 수업으로서 학습자에 대한 심리적, 환경적인 고려가 전혀 이루어지지 못한 채, 학습자와의 상호작용이 거의 없는 교수자 주도형 학습이 되기 쉽다. 반면, 교육의 공학은 교육의 전 과정을 체계적으로 계획하고 실행하며 평가하는 소프트로서의 공학을 뜻한다. 따라서 학습자의 학습 효과를 극대화할 수 있는 최적의 매체 선정에 관심을 둔다. 학습자의 일반적인 특성 및 요구나 관심, 흥미 등에 의해 매체가 선정되며, 이때 공학은 학습자를 위해 필요하게 되고, 소프트웨어에 포함된 교육내용 및 목표와의 연관성이 매체 선정의 기준이 된다. 그러므로 교육의 공학은 학습자의 특성이나 적성, 소질, 능력 등을 고려하여 이루어지는 수업의 형태로서, 학습자에게 도움을 주기 위해 가장 적합한 프로그램이 무엇인가를 찾아내고 개발하는 공학이라고 할 수 있다.

위에서 제시한 두 가지 교육공학의 의미는 행동주의의 심리학 영향을 받아 과업중심과 효율성 위주의 강조로 인해 객관성과 과학적 지식을 중시하는 대신, 인간의 내면적 사고과정이나 주관적 감정은 실증될 수 없는 관계로서 제외되었다. 따라서 학습자 중심의 질적 연구 방법을 통해 과학적 방법으로 설명할 수 없는 복잡한 교육문제를 해결하기 위해 종합적이며 총체적인 접근방법이 필요하다. 인간의 공학은 구성주의 이론에 입각한 새로운 대안적 교육 공학으로서 인간 중심, 즉 학습자 중심의 공학이라고 볼 수 있다. 이는 인간의 피상적인 지식만을 알고(know) 교육하는 것이 아니라, 인간의 내면에 잠재되어 있는 주관적인 감정, 사고, 느낌, 정신, 마음 등을 이해(understand)하여 수업설계를 구성하는 복합적인 공학이라 할 수 있다.

　최근의 교육공학은 이러한 세 가지 의미를 교수자와 학습자가 처해진 학습 여건과 상황에 따라 알맞게 접목시켜 필요에 따라 선택적으로 적용되는 상황적 학습(situated learning)이 되어야 한다. 그러한 이유는 학습을 둘러싸고 있는 학습 환경과 학습요소에 대한 문제점을 사전에 진단하고 해결하는 처방적 성격을 가신 교육공학이 되어야 하기 때문이다.

〈표 1-2〉 교육공학의 세 가지 의미

교육공학의 의미		
교육에서의 공학	교육의 공학	인간의 공학
・기계, 장치중심 ・하드웨어중심 ・교수자중심 ・일방적 제시 수업	・프로그램 중심 ・학습자 특성고려 ・학습자 중심 ・학습자 도움 기능	・학습자 내면 중심 ・학습자 이해중시 ・상호작용 중심 ・학습자와 교수자중심

3. 교육공학의 필요성

교육공학은 왜 필요한가? 우리가 살고 있는 시대는 급격한 속도와 변화의 시대이다. 어제의 정보는 이미 사용되지 못하는 환경 속에서 교육방법 또한 급격한 변화를 요구받고 있다. 따라서 이러한 변화는 지식의 생성과 소멸 주기를 더욱 짧게 만들고 있으며, 결국 학습에 사용되는 매체의 변화에 절대적인 영향을 미치고 있다. 뿐만 아니라 인간의 관심과 요구 또한 시대의 변화에 따라 다양하게 바뀌고 있다. 따라서 종래의 학습방법과 매체의 사용은 풍부한 학습자원과 다양한 교수방법을 필요로 하는 다양성의 시대 속에서 이제는 한계를 느끼고 있다. 이러한 매체의 변화와 함께 정보화 시대의 탄생으로 인해 많은 사람들은 새로운 정보를 얻기 위해 재교육과 평생교육에 더욱 관심을 갖고 있다. 또한, 함께 더불어 살아가는 사회를 만들기 위해 서로가 지식을 공유하고 나누기 위한 열린 교육이 강조되고 있기 때문에 시대 변화에 따른 대안으로서 교육공학은 어느 때보다 그 필요성이 더욱 가속화되고 있다. 따라서 우리가 추구하고 있는 정보화시대의 교육공학은 교수자뿐만 아니라 학습자에게 급격한 패러다임 변화를 요구하고 있기 때문에 어느 때보다 긍정적인 패러다임의 수용과 함께 인간을 중시하는 기본교육이 우선되어야 한다.

최근 들어 교육공학은 학교교육만이 아니라 기업교육과 원격교육으로 그 영역을 확장하여 옮겨 가고 있다. 따라서 기존의 학습이나 연수 방식을 탈피한, 시키고 받는 타율적이고 수동적인 의미의 교육 훈련 개념에서 벗어나 학습자 스스로 문제를 해결해 나가는 학습 개념으로 바뀌어 가고 있다. 이러한 원인은 학습이 종전처럼 단순히 지식 축적만을 의미하는 것이 아니라, 살아있는 지식을 습득하여 다른 사람과 함께 공유하고 나아가 새로운 변화를 받아들이는 과정으로서 일상 그 자체를 의미하기 때문이다. 또한, 학습이 곧 기업 내 성과(performance)와 직결되어 성과를 개선하고, 디지털 시대, 정보화 사회, 국제화 시대에 맞물려 이 비즈니스(e-business)와 함께 창의성과 아이디어를 바탕으로 한 지식 창조형 패턴으로 바뀌어 가고 있기 때문이다. 이로 인해 최근의 교육공학은 기존의 매체를 활용한 교수·학습 중심에서 벗어나 인적자원 개발을 위한 이러닝(e-learning)이나 현장중심의 저스트 인 타임(Just-in-time) 방식과 함께 고객 맞춤형, 주문형 등 다양한 학습 형태로 그 영역이 확장되어 가고 있다.

4. 학습도구로서의 컴퓨터교육 형태

정보화 시대의 컴퓨터 교육은 형식교육(formal education), 비형식교육(informal education), 무형식교육(nonformal education)으로 나눌 수 있다. 형식교육이란 전통적인 우리나라 학교 교육의 형태로서, 교실과 같은 곳에서 이루어지는 집합식 교육 형태를 말한다. 따라서 학습 공간이 일정한 장소에 제한되어 있으며, 교수자 중심의 일방식 전달 교육으로 인해 학습자가 학습에 적극적으로 참여하여 학습할 수 없을 뿐 아니라, 면대면 환경에서 학습이 이루어지기 때문에 제한된 인원과 시·공간의 제약으로 인해 물리적인 한계성을 갖는 교육 형태이다. 비형식교육은 형식교육과 같이 교수자 중심의 일방향 학습이기보다는 교수자와 학습자 간의 쌍방향성을 갖는다. 예를 들어 교수자와 학습자가 인터넷이나 케이블을 통해 학습정보를 주고받거나 시디롬(CD-Rom)을 활용하여 학습하는 방식이다. 이 방식은 컴퓨터라는 매체를 이용한 서로 간의 상호작용은 있지만, 교수자에 의해 학습 범위가 결정되고 계획되거나 시·공간의 제약성을 갖는 물리적 한계점을 지니고 있다. 무형식교육은 가상공간에서 학습이 이루어진다. 따라서 언제, 어디서나 시·공간을 초월하여 누구나 학습을 할 수 있으며, 학습자 주도형 학습으로서 무계획적이며 무제한성을 갖는다. 예를 들어 홈페이지(Homepage)를 활용하여 교수자가 학습 내용을 온라인(On line)상에 올려놓아 언제든지 학습할 수 있도록 한다든지, 온라인에 실린 주제별 학습이나 토론학습, 또는 넷 미팅(Net meeting)의 경우처럼 교수자와 학습자는 물론 학습자들끼리의 상호작용을 통한 협력학습이 가능하도록 지원하고 있다. 따라서 컴퓨터를 활용한 교육의 형태는 학습자 특성과 학습 환경을 고려하여 가장 적합한 방식을 선택하거나 복합적인 방식을 적용할 수 있을 것이다.

<표 1-3> 컴퓨터 교육의 형태

형식교육 (formal education)	비형식교육 (informal education)	무형식교육 (nonformal education)
• 전통적인 학교교육 • 계획적, 의도적 학습 • 교수자 중심 • 시 · 공간의 제약 • 일방향성	• 교수자가 주도하는 학습 • 계획적, 의도적 학습 • 교수자와 학습자의 상호작용 • 시 · 공간의 제약 • 쌍 방향성	• 사이버 학습 • 학습자 중심 • 무계획, 무의도적 학습 • 시 · 공간 초월 • 상호작용

5. 전통적 교육공학과 신 개념의 교육공학

교육은 시대의 반영이라고 생각한다. 교육공학의 역사를 보더라도 1920년대는 자연주의와 경험주의에 기초한 OHP, 슬라이드 등을 활용한 시각교육이 부각되었다. 1940년대에는 녹음기를 활용한 시청각 교육에서 1960년대 중반 이후 TV 및 라디오(Radio)를 이용한 시청각 통신교육에서, 1990년대 이후에는 원격교육, 위성 및 하이퍼미디어 교육으로 발전하게 되었다. 한편, 전통적인 교육은 농경사회나 산업사회를 배경으로 이루어져 있기 때문에, 교육에 대한 과정보다는 결과중심의 형태로 진행되었다. 행동주의 심리학에 기초를 둔 전통적인 교육공학은 양(量)적 중심의 학습 방식이다. 즉, 빠른 시간에 얼마만큼 많은 양을 잘 구조화되고 조직화하여 시청각 매체를 활용하여 구성할 것인가 하는 문제는 과거 시청각 통신인 TV나 라디오를 중심으로 발전하여 왔다. 이러한 결과 과업(task)과 결과 중심의 교육과정이 부각되었고, 그로 인해 객관주의에 기초한 객관성과 행동주의에 기초한 과학 중심의 교육으로 인해 인간의 내면적 사고를 중시하는 인간의 공학은 배제되었다.

따라서 신 개념의 교육공학은 인간의 내적 구조에 기초한 인지주의를 중심으로 결과보다는 과정을 중시하고, 다양성을 추구하는 구성주의적 접근 방식으로 발전되어 교수자 중심을 탈피한 고객 중심, 학습자 중심의 전환을 의미한다. 이러한 학습자 중심의 교육이 되기 위해서는 학습자의 동기(motivation)를 자극하여 학습의 효율성을 높이는 동기유발과 함께, 유발된 동기를 유지하기 위해 교육의 효과성, 효율성, 매력성이라는 세 가지 관점을 동시에 추구하는 교수설계가 필요하다.

■■■ 제2장　교육공학의 주요 이론

1. 심리학적 배경
2. 교수설계 이론

제2장
교육공학의 주요 이론

1. 심리학적 배경

(1) 교육공학에서의 행동주의와 인지주의

행동주의는 손다이크(Thorndike, 1913)와 파블로프(Pavlov, 1927)에 의해 20세기에 시작된 이론이다. 행동주의 원리는 자극과(S: stimulation)과 반응(R: response) 간의 연합에 의해 구성된다. 고전적 조건 형성이론과 시행 착오설이 대표적인 행동주의 이론이다. 고전적 조건 형성이론은 소련의 생리학자 파블로프가 주장한 이론이다. 개에게 고기를 줄 때마다 종소리를 들려주었더니, 나중에는 개가 종소리만 듣고서도 침을 흘린다는 이론이다. 이처럼 고전적 조건 형성이론에서는 무조건 자극인 고기를 주지 않더라도 조건자극인 종소리에 의해 조건반응(침)을 보인다는 이론이다. 따라서 교수자가 부정적이거나 무서운 자극으로 학습자를 계속 대하게 되면, 학습자는 교수자로 인해 교수자뿐만 아니라 학교까지 싫어하기 때문에 항상 긍정적인 태도를 지니도록 지도해야 할 것이다. 한편, 시행 착오설은 손다이크에 의해 정립된 이론이다. 쥐를 미로에 넣고 먹이를 주어 실험한 결과, 처음에는 쥐가 먹이를 쉽게 찾지 못했으나, 계속된 시행과 착오를 거치면서 나중에는 매우 빨리 먹이를 찾게 된다는 이론이다. 또한, 스키너(Skinner)는 조작적 조건 형성이론을 제안하였다. 이는 스키너가 고안한 상자를 이용하여 쥐가 지렛대를 밟을 때만 먹이가 나오도록 하였다. 그 결과 쥐는 처음 3분에서 20분 정도까지는 지렛대의 반응 없이 탐색 반응을 보였으나, 우연히 지렛대 반응으로 먹이를 얻게 된 후에는 빠른 속도로 반응하여 먹이를 얻게 되었다. 따라서 쥐의 행동은 환경에 스스로 작용하여 어떤 결과를 만들어 낸 것(조작)이며, 이러한 절차로 학습이 이루어지는 과정이 조작적 조건 형성이론이다. 따라서 행동주의 이론에서는 긍정적인 환경과 부정적인 환경에 따라 학습자의 행동에 대한 빈도수는 증가하거나 감소할 수 있다고 본다.

인지주의 학습이론은 두뇌 속에서 일어나는 외부 감각적 자극의 변형이나 기호화, 부호화, 파지, 재생, 인출과 같은 정보 처리과정을 통해 외적 행동을 일으켜서 내적 과정에서의 학습에 대한 의미를 찾는 데 목적이 있다. 이는 크게 형태주의 심리학과 정보처리 이론에 기초를 두고 있는데, 베르트하이머(Wertheimer)이론과 쾰러(Köhler)의 통찰설 등이 있다.

<표 2-1> 행동주의 학습 원리

행동 주의 이론	관련되는 원리들	내용
고전적 조건화 이론	강화의 원리	• 조건 자극과 무조건 자극이 반복되면 무조건 자극은 조건 자극에 대한 강화의 기능을 갖게 됨. • 자극의 연합 횟수가 커지면 연합 강도가 커짐. • 일정 횟수 이상 증가하면 연합 강도는 일정하게 됨.
	간격의 원리	• 조건 자극과 무조건 자극 사이의 시간 간격이 조건반응에 영향을 미침. • 조건 자극과 무조건 자극이 동시에 결합될 때, 조건 형성이 가장 효과적으로 이루어짐. • 무조건 자극이 조건 자극보다 선행되면 조건반응이 성립하지 않음.
	일반화 및 변별의 원리	• 조건형성은 자극 일반화와 변별의 과정을 거치게 됨. • 자극 일반화는 조건화 과정의 조건 자극과 비슷한 자극에 대해 조건반응이 일어나는 현상을 말함.
시행 착오설	효과의 원리	• 어떤 일의 수행이 만족스러우면 더욱 그 일을 계속하게 됨. • 연습의 효과가 없으면 의욕은 상실되고 포기하게 됨.
	연습의 원리	• 모든 학습은 꾸준한 반복 연습의 결과임. • 연습을 통해 바람직한 행동의 변화를 가져오게 됨.
	준비성의 원리	• 사전에 준비된 학습은 만족스럽지만, 그렇지 못하면 만족하지 못하고 실패하게 됨.
조작적 조건화 이론	강화의 원리	• 보상이 따르는 반응은 반복되는 경향이 있음. • 조작적 반응 비율의 증가는 강화적 자극(보상)에 달려 있음. • 행동은 결과에 지배받기 때문에 만족스러운 결과는 더욱 강한 행동의 반복을 가져옴.
	소거의 원리	• 일정한 반응 이후에 강화가 없으면 반응은 사라짐.
	조형의 원리	• 원하는 반응만을 강화하여 원하는 방향의 행동을 습득하게 함. • 원하지 않는 방향의 행동은 강화를 차단하여 원하는 방향의 행동만 습득하게 함. • 스키너의 행동 수정의 기초가 되는 이론임.
	자발적 회복의 원리	• 학습된 행동은 만족스럽지 못해도 즉시 그 행동이 소거되지 않음. • 학습된 행동은 보상이 없어도 같은 상황에 직면하면 다시 나타남.
	변별의 원리	• 비슷한 자극에서 나타나는 작은 차이에 따라 다른 반응을 보이는 정교화된 학습형태임.
	강화계획	• 소거에 대한 저항을 증가하기 위해 적절한 반응의 일정 비율만을 강화하는 계획임.

형태주의 심리학에서는 형태는 부분과 관련되어 전체를 이루며, 전체는 부분의 총합 이상의 것으로 보고 있다. 따라서 학습이 점진적인 연합이 아니라 통찰에 의해 이루어진다고 보는 이론이다. 베르트하이머는 체제화가 모든 정신활동의 기초이며, 인간은 자신이 지각하는 장에서 체제화되지 못하게 되면 이를 하나의 형태로 체제화하려는 경향을 갖는다고 하였으며, 이를 지각의 법칙(low of perception)이라고 한다. 한편, 쾰러는 침팬지 실험을 통해 통찰이론을 발표하였다. 침팬지의 손이 닿지 않는 곳에 바나나를 매달아 놓았을 때, 침팬지는 주위를 살핀 후 막대기나 상자를 이용하여 바나나를 얻게 되었다. 따라서 학습자가 어떤 문제에 부딪히게 되면 학습에 대한 동기가 유발되고, 문제를 해결하기 위한 탐색 과정을 거쳐 다양한 시도를 통해 통찰이 형성된다는 이론이다. 이는 새로운 진리나 순간의 통찰을 통해 얻게 되는 아하(A-ha)이론이라고도 부른다.

정보처리 이론은 1960년대 발달한 이론이다. 이는 인간의 사고 과정에 관한 연구로서 기억 과정을 컴퓨터에 비유하여 정보 투입, 정보 처리, 결과 산출의 과정으로 보았다. 따라서 인간의 기억은 감각 등록기(sensory register)를 거쳐 단기기억(short term memory)장치와 장기기억(long term memory)장치로 넘어가 의미 있는 정보로 저장되게 된다. 감각등록기는 학습자가 오감의 감각기관을 통해 4초 이내의 짧은 시간 동안 최초로 정보를 저장하는 곳이다. 단기기억장치는 20~30초 동안 약 7개 정도의 정보를 저장하는 곳이며, 정보가 오랫동안 머릿속에 머무르기 위해서는 장기기억 장치로의 전이가 필요하다. 장기기억장치는 무한한 정보를 영구적으로 기억하는 곳인데, 이를 위해서는 활성화 장치(working memory)를 통해 의미 있는 부호화로 변형시켜 저장해야만 한다. 인지적 관점에서의 학습 원리에는 유의미화(meaningfulness), 순서적 위치(serial position), 연습(practice), 정보의 조직(organization), 전이와 간섭(transfer and interference), 기억술(mnemonic devices) 등이 있다.

객관주의를 철학적 배경으로 하는 행동주의와 인지주의는 학습을 외적으로 표현되는 행동의 변화와 인지구조의 변화를 추구한다. 이러한 학습을 발생하기 위해 교수자는 학습자에게 자극을 주어 반응을 강화하거나 인지구조 변화를 위해 정보를 얻거나 저장하게 된다. 행동주의에서 교수자의 역할은 학습자에게 단순히 정보를 제시하거나 안내함으로써 학습자의 행동이 변화를 가져오는 데 목적을 두고 있다. 반면, 인지주의 관점에서 교수자의 역할은 학습자의 두뇌 속에 정보를 잘 조직하고 인지하도록 인지구조의 연결활동을 촉진시키는 데 있다. 이는 학습자에게 벌이나 상을 주어 외적 요인을 강화하거나 암기 위주의 학습방식을 강조하게 되어 결국은 수동적인 학습자관을 지닐 수 있다. 따라서 교수설계에 있어서는 사전 학습자의 선수지식과 학습자 분석을 통해 수업내용의 계열화와 구조화, 학습자의 강화, 즉각적인 피드백(Feedback)이 무엇보다 중요하다.

(2) 교육공학에서의 구성주의

구성주의는 1970년대 지식 획득에 대한 급진적 구성주의의 접근이라는 연구에서 시작되었다. 이러한 구성주의에 기여한 학자로는 듀이, 피아제, 비고츠키, 브루너 등이 있는데, 듀이는 진보주의 철학을 통해 구성주의 형성에 크게 기여하였다. 피아제의 인지발달 이론은 구성주의적 사고의 논리적 틀을 제공하였으며, 비고츠키의 근접발달영역(ZPD: Zone of Proximal Development)이론과 스케폴딩(Scaffolding) 개념은 사회적 관계의 중요성을 강조하였다. 브루너는 발견학습을 통해 학습자가 인식의 주체로서 적극적인 참여자가 되어야 한다고 주장하였다. 구성주의는 인간과 환경의 상호작용 관계망에서 학습자를 내면적(마음 중심) 존재로 인식하는 급진적 구성주의(radical constructivism)와 외인적(세계 중심) 존재로 보는 사회적 구성주의(social constructivism)로 구분할 수 있다. 특히, 구성주의는 어떠한 관점으로 사물을 바라볼 것인가에 관한 인식론에 있어서 피아제의 이론에 기초한 인지적 구성주의와 함께 비고츠키의 이론을 배경으로 한 사회적 구성주의(social constructivism)로 나누어진다.

〈표 2-2〉 인지적 구성주의와 사회적 구성주의

종류	인지적 구성주의	사회적 구성주의
특징	• 인지적 재구성의 과정 • 지식 형성 과정에서 개별적인 인지작용을 중시함. • 현존하는 지식의 도식과 조작이 동화와 조절에 의해 이루어짐. • 개인의 다양성을 강조함.	• 실천 공동체로서의 문화적 참여 • 지식 구성에 있어서 사회적 상호 관계를 중시함. • 도식과 관련된 다른 사람의 안내를 받아 내면화되고 자기조절력과 독립심이 증가함. • 사회 공동체의 동일성을 강조함.
교육의 적용	• 새롭고 효과적인 도식의 구성과 함께 개별적 학습을 수행함. • 발전된 새로운 도식에 의해 개별적으로 의미를 구성함.	• 교수자의 안내에 의해 새로운 개념을 구성하고 협동함. • 의미를 서로 나누면서 내면화하고 지식을 구성함.

구성주의 관점에서 인간은 사물처럼 객관화하고 조직화하고 구조화하여 구성될 수 있는 것이 아니라, 주관적인 사고와 경험에 의해 개인적인 의미를 만들어 낸다. 따라서 학습은 개인의 특성과 환경에 의해 구성되는 것이며, 교수자의 일방적인 관계가 아닌 학습자와의 상호작용이 우선되어야 한다. 또한, 인간의 주관적인 구성에 의해 학습되기 때문에, 무엇보다 학습자의 다양성을 중시하고 단순한 학습 결과보다는 학습자가 학습해 나가는 과정 속에서 문제를 스스로 해결해 나가는 과정 중심의 학습이 되어야 한다.

구성주의 학습 환경은 다음과 같은 특징을 갖고 있다.

첫째, 학습의 의미는 지식을 구성하고 있는 과정 속에서 정보해석을 통해 만들어진다. 따라서 학습자는 의미창출을 위해 우리가 가지고 있는 정보를 해석하는 능력을 가져야 한다. 둘째, 구성주의는 다양성을 인정함으로써 학습자 스스로 학습하려는 환경이 조성되어야 하며, 이를 돕는 다양한 매체의 사용과 함께 학습 경험이 중시되는 능동적인 학습자관이 필요하다. 셋째, 비구조화된 환경 속에서 각기 다른 개개인의 학습 경험과 문화적 맥락(context)을 이해하고 사고의 자유로움을 보장하는 인지적인 융통성이 필요하다. 넷째, 학습자 모방이나 관찰을 통해 지식을 습득하는 것으로서 모방, 지도, 조언, 성찰학습(reflection learning)을 위한 인지적 도제이론과 협력학습이 중요하다. 다섯째, 앵커드 수업(Anchored instruction)이론에 의해 실제적인 상황 속에서 경험을 필요로 하는 역동적이며 정교화된 학습이 필요하며 경험적 학습이 중요하다.

구성주의 학습 환경에서 교수설계는 복잡하고 비구조화된 학습

현장에서 학습자 스스로 문제 해결을 위한 문제해결 학습(problem solving learning)이 선행되어야 하며, 학습 상황과 현장의 적응성을 고려한 상황적 학습(situated learning), 적응적 학습(adaptive-learning)이 필요하다. 뿐만 아니라 학습의 이론보다는 경험에 기초한 경험적 학습(experienced learning)의 토대 위에 학습자와 학습자 간, 또는 교수자와 학습자 간의 협력을 중시하는 협동학습(collaborative-learning)을 중심으로 설계해야만 한다. 또한, 결과보다는 과정 속에서 학습이 이루어지고 나아가 학습자의 잠재력을 이끌어 낼 수 있도록 독창성을 되살리는 통합적(integrated) 형태의 교수설계가 되어야 할 것이다. 학습 평가 방식은 결과보다는 학습자가 학습하는 과정 속에서 주어진 문제를 스스로 해결해 나가는 능력과 함께 정보처리 능력, 적응 능력 등 결과보다는 과정 중심의 평가가 되어야 하며, 학습자의 학습상황과 함께 독창성과 참신성을 이끌어 내는 고차원적인 사고력 평가가 중요하다.

지금까지 논의한 구성주의는 학습자의 다양성을 중시하기 때문에 자칫 목표 없는 수업이 될 수 있으며, 때로는 학습 내용에 따라서 비구조화보다는 구조화된 수업방식도 수업 현장에서 필요로 한다. 따라서 일방적이고 단순한 구성주의 적용보다는 행동주의와 인지주의를 병행한 절충식 구성주의의 필요성이 최근 대두되고 있다. 한편, 구성주의 학습이론에는 인지적 도제이론, 상황적 교수·학습이론, 인지적 유연성이론 등이 있다. 인지적 도제이론은 콜린스 등(Collins, Brown, & Newman, 1989)에 의해 제안되었다. 이는 전문가와 초보자 사이의 관계를 통해 전문가가 초보자에게 과제를 해결하면서 새로운 지식을 구성하도록 도와주는 학습방법이다. 따라서 초보자는 실제 과제를 수행하면서 자신의 행동을 관찰하고 조명한 후, 전문가의 행동과 비교하면서 역할 교환을 통해 자신의 제한적 시각을 넓혀 나가야 한다. 이러한 절차적 방법을 위해서는 ① 모델링(modeling), 코칭(coaching), 인지적 기반 구축(scaffolding), ② 명료화(articulation), 반영(reflection), ③ 탐색(exploration)의 과정이 필요하다. 상황적 교수ㆍ학습 이론은 앵커드 수업이라고도 부른다. 이는 수업에서 실제 문제 상황을 비디오(VTR)나 컴퓨터와 같은 교수매체를 허용해 학습자에게 제시한 후, 가능한 해결 방안을 찾는 방법이다. 이 수업에서 가장 중요한 것은 문제 상황을 제시할 때 거시적 상황을 앵커(Anchor)로 사용해야만 하는데, 이러한 상황학습은 학습자에게 단순한 사실적 지식보다는 현실 상황의 지식을 주어 문제해결력을 기를 수 있는 장점이 있다. 인지적 유연성이란 여러 지식의 범주를 넘나들면서 다양한 방법으로 연결하고 급격히 변화하는 상황의 필요에 적응하는 대처능력이다. 따라서 인지적 유연성 이론에서는 지식의 재현과 재현 과정을 중시하기 때문에 지식의 특성과 지식의 구성 과정이 중요하다. 인지적 유연성 이론이 필요한 이유는 대부분의 고차적인 지식들이 구조화되어 있지 않기 때문에, 이를 해결하기 위해서는 비선형적인 컴퓨터 학습 환경의 설계가 필요하기 때문이다. 인지적 유연성 이론에 기초한 학습 원리를 위해서는 주제 중심의 학습이 되어야만 한다. 어떤 주제를 해결하기 위해서는 학습자가 다룰 수 있는 수준의 복잡한 과제로 세분화한 후, 다양한 소규모의 사례를 제시하는 것이 좋다.

지금까지 살펴본 구성주의 관점에서의 교수설계는 다음과 같은 점에 중점을 두어야 한다. 수업목표는 교수자에 의해 학습 이전에 정해지기보다는 학습자가 문제를 풀어 가는 과정에서 스스로 설정되어야 한다. 또한, 학습 내용은 학습자 수준에 맞추기보다는 학습자가 자신의 경험과 수준, 관심에 따라 문제를 선택하여 해결할 수 있어야 한다. 아울러 학습자의 적극적인 학습의 참여를 유도하기 위한 흥미와 관심에 맞는 학습 목표의 설정과 함께 학습자 스스로 지식을 구성해 나갈 수 있도록 자신에게 가장 적합한 학습 내용을 선정할 수 있도록 지도해야만 한다.

〈표 2-3〉 심리학적 이론의 패러다임

심리학적 관점 / 항목	행동주의	인지주의	구성주의
철학적 배경	객관주의	객관주의	주관주의
학습에 대한 정의	외부로 나타나는 행동의 변화	인지구조의 변화	주관적 경험에 근거한 개인적 의미창출
학습발생 방법	자극과 반응, 연결 및 강화	정보입수, 조직, 저장 및 인출 활동	개인적 경험 및 사회적 상호작용
학습자관	환경적 자극에 반응하는 수동적 인간관	인지구조 변화를 통한 적극적 학습자관	학습자 특성 및 배경을 고려한 적극적 인간관
학습에 영향을 미치는 요인	자극, 반응 및 체계적 배열	정보활동 촉진을 위한 학습자의 정신적 활동 강조	지식의 역동적인 상호작용
교수·학습 전략	표상적 교수전략	내적사고전략, 교수자의 정보처리 전략	학습 환경 조성
기억의 역할	반복 및 연습	정보의 효과적인 조직 구성 및 인출	잠정적 기억과 융통적인 지식
전이	일반화의 결과	정보의 유의미한 조직	학습의 맥락(context)
효과적인 학습형태	기억, 개념 습득 및 일반화와 적용	문제해결, 정보처리 및 추론	복잡하고 비구조화된 학습과제
교수설계와 관련성	학습자 분석, 계열성, 강화, 즉각적인 피드백	정보의 구조화 및 계열화, 효과적인 전이	다양성, 협력학습, 학습 상황 분석, 탈목표 평가

2. 교수설계 이론

(1) 켈러의 동기이론(ARCS이론)

켈러(Keller)는 학습자들의 동기유발과 유발된 동기를 유지시키는 전략으로 ARCS이론을 탄생시켰다. ARCS이론은 주의(attention), 관련성(relevance), 자신감(confidence), 만족감(satisfaction)을 가리키는데, 교수설계의 매력성을 증진시키는 처방적 이론이다. 처방적 이론이란 'A라는 교수방법이 B라는 조건에서 실행된다면 C라는 결과가 얻어진다'는 서술적 이론과는 달리 'B라는 조건하에서 C라는 결과를 얻기 위해서는 A라는 교수방법을 사용해야 한다'는 것을 뜻한다. 예를 들어, 장애를 지닌 학습자들이 학습하는 특수학급이라는 조건에서 흥미유발이라는 결과를 얻기 위해 어떤 매체를 사용할 것인가를 진단하여 제시하는 것이 처방적 이론이다.

켈러가 주장한 ARCS이론 가운데 주의 단계는 학습자에게 지적인 호기심과 지적 관심을 일으키고 유지하기 위해 학습자의 관심을 자극에 집중시켜야 하며, 이러한 자극 집중을 위해 어떻게 할 것인가를 의미한다. 관련성은 학습자가 학습의 관련성을 스스로 깨달아 알아 갈 수 있도록 학습 자체의 즐거움과 가치를 느끼도록 도와주는 것을 뜻한다. 자신감이란 학습자가 학습의 성공에 대한 자신감을 스스로 갖도록 설계하는 것이며, 만족감은 학습자가 학습에 대한 자기통제를 할 수 있도록 내적인 동기 유발을 강조하는 전략이다.

① 주의

주의 단계는 호기심, 주의환기, 감각추구 등의 개념과 연관되어 있으며, 이를 위해서는 지각적 주의환기, 탐구적 주의환기, 다양성이라는 3가지의 하위 범주가 필요하다. 이 가운데 지각적 주의환기란 새롭고 신선한 사실을 제시하여 학습자의 호기심이나 주의를 유발시키는 전략이다. 예를 들어, 애니메이션(Animation)이나 삽화와 같은 시청각 효과를 사용한다든지, 경험과 전혀 다른 사실이나 믿기 힘든 통계 자료 등 일상적이지 않은 내용이나 사건들을 활용하는 전략이다. 그러나 이 두 가지 방법의 빈번한 사용은 오히려 학습에 있어서 비효과적인 방법이 될 수 있기 때문에 적절하게 활용하는 것이 바람직하다. 탐구적 주의환기란 학습자들이 새로운 정보를 추구하고 문제를 해결하도록 호기심이나 주의를 유지시키는 인식적 호기심과 유사한 것이다. 예를 들어, 학습자에게 학습에 관련된 연상이나 비유를 사용하여 학습자의 능동적인 학습반응을 유도한다든지, 과제나 프로젝트를 주어 문제 해결 과정에서 학습자 스스로 지적 호기심을 계속 유지시키는 전략이다. 따라서 탐구적 주의환기는 어떤 문제 상황에 대하여 필요한 지식을 전부 제공하는 것이 아니라 일부분만 제공하여 학습자에게 신비감을 더해 주는 전략을 뜻한다. 다양성은 수업전개 과정에서 수업 전개 과정을 바꾸어 제시함으로써 학습자로 하여금 흥미를 유지시키는 전략이다. 예를 들어, 교수 단위는 짧게 제시하되 정보제시, 연습, 시험과 같이 다양한 형태를 적절히 사용하거나, 교수자의 일방적인 전달과 함께 학습자의 토론을 이끌어 내어 강의 형태를 혼합한다든지 또는, 화면 형태는 일관성 있게 두되 공백이나 그림, 표, 글자 형태를 사용하여 교수 자료의 적절한 변화를 주는 것을 뜻한다. 주의 단계에서 주의할 점은 가르치고자 하는 교수 목표와 수업 요소들이 수업 과정에서 주의 집중을 도울 수 있도록 기능적으로 통합되어야 한다.

② 관련성

관련성은 현재 가르치고 있는 교수 내용이 학습자가 지니고 있는 흥미나 목적, 과거 경험 등과 연결되어 제시되는 것을 말한다. 관련성에는 친밀성 전략, 목적 지향성 전략, 필요나 동기와의 부합성 강조라는 3가지 하위범주가 필요하다. 친밀성은 학습자가 친숙한 그림이나 인물이나 예문, 배경 지식을 사용하여 학습에 제시함으로써 학습 과제의 친밀도를 높이는 전략이다. 목적 지향성은 학습자에게 학습내용의 중요성과 실용성에 중점을 둔 분명한 목표를 제시하여 학습자가 학습 도중에 방향감을 잃지 않도록 안내하는 전략이다. 이는 학습자가 이해하기 어려운 내용을 게임이나 시뮬레이션과 같은 학습 형태를 사용하여 학습자 스스로 다양하게 제시된 목적 중에서 가장 적절한 것을 선택하도록 도와준다. 필요나 동기와의 부합성 강조 전략은 학습자에게 쉽거나 어려운 내용을 다양한 수준으로 제시하여 학습자 스스로 자신의 특성에 가장 적합한 수준을 선택하여 성취 욕구를 자극하는 것이다. 이는 학습자가 학습과제를 해결하고자 할 때, 교수자가 피드백을 제공하여 학습자의 학업 성취 욕구에 대한 만족을 스스로 확인하거나 협동적인 학습 상황을 제시하여 학습자로 하여금 소속감에 대한 욕구를 충족시키는 전략이다.

③ 자신감

자신감은 학습자의 동기 유발과 함께 유발된 동기를 유지하는 전략이다. 이는 학습자에게 학습에 대한 흥미와 성공 기회를 주어 자신감을 갖도록 한다. 자신감을 위해서는 학습의 필요조건 제시 전략, 성공의 기회 제시 전략, 개인적 조절감 증대의 전략과 같은 3개의 하위 범주가 필요하다. 학습의 필요조건 제시 전략은 학습자에게 학업 수행의 필수 조건과 평가 기준을 함께 제시하여 학습자 스스로 성공의 가능성 여부를 진단하도록 한다. 이는 학습의 성공을 돕기 위해 학습자에게 미리 선수지식이나 기술, 태도 등을 알려주어 수업 목표를 쉽게 달성하도록 연습의 기회를 제공하는 것이다. 이때 교수자는 적절한 피드백을 제시하여 학습목표와 수업의 전반적인 구조가 분명해지도록 도와주어야 한다. 성공의 기회 제시 전략은 학습자가 쉬운 내용에서 어려운 내용으로 학습할 수 있도록 수업을 조직하거나 강화를 자주 사용하는 것이다. 또한, 학습자에게 적절하고 다양한 수준의 난이도를 줌으로써 학습자의 지나친 도전과 권태를 방지할 뿐만 아니라 자신감을 높일 수 있는 기회를 제공한다. 이때 교수자는 학습자의 수준을 알기 위해 시험을 치른 후, 학습자가 각자 자신에게 가장 적합한 수업을 선택하도록 하여야 한다. 개인적 조절감 증대 전략은 학습자가 시청각 매체나 컴퓨터를 언제든지 자유롭게 사용할 수 있도록 하거나 원하는 학습 내용을 쉽게 찾아 다음 내용으로 진행할 수 있도록 조절하는 기회를 주는 것이다. 이는 학습자가 자신에게 가장 적합한 학습 과제와 난이도를 스스로 선택할 뿐 아니라 학습의 성공요인을 자신의 노력과 능력으로 돌려주는 것을 뜻한다.

④ 만족감

만족감이란 학습의 동기 유발보다는 유발된 동기를 계속 유지시키는 전략이다. 이를 위해서는 다음과 같은 전략이 사용되어야 한다. 첫째, 습득한 지식의 적용 기회를 제공하여야 한다. 습득한 지식이나 기술을 적용해 볼 수 있는 연습 문제를 제시한다든지, 다음의 학습 상황에 적용해 볼 수 있도록 하거나, 수업 이후에 모의 상황이나 게임 요소를 더하는 전략이다. 둘째, 학습을 성공했을 때 긍정적인 피드백이나 보상을 제공하여야 한다. 학습 초기에는 즉각적이고 빠른 긍정적 피드백을 주고 학습자 수준에 맞는 의미 있는 강화를 주어야 한다. 즉, 쉬운 문제는 긍정적인 보상을 자주 하지 않도록 하고, 옳은 반응에는 긍정적 보상을 틀린 반응은 보상을 하지 않도록 하며, 수업보다 보상이 흥미를 끌지 않도록 외적 보상은 사려 깊게 사용하여야 한다. 셋째, 공정성 강조의 전략을 들 수 있다. 학습자의 학업성취에 대한 기준의 결과가 일관성 있게 유지되어야 한다. 수업 내용과 구조를 제시된 수업 목표와 일관성 있게 맞추어야 하며, 학습 도중 연습한 내용과 시험 내용이 일치되도록 하여야 한다.

지금까지 제시한 ARCS 이론은 동기 및 환경요인의 복잡성과 다양성으로 인해 구체적이고 처방적인 전략으로 제시되기 어렵다는 비판이 일고 있으며, 학습 상황에 따른 정확한 문제 분석 후, 동기적 측면에서 문제가 해당될 경우에만 적용하여야 한다.

(2) 가네 · 브릭스의 교수설계이론

가네(Gagne)와 브릭스(Briggs)는 플로리다 주립대학에서 교수로 재직하면서 가네가 주로 '교수설계의 원리'에 관한 연구로서 학습조건, 학습위계, 학습 사태 등에 대하여 이론적 관심을 가진 반면, 브릭스는 기업과 군의 훈련프로그램 개발을 경험으로 동기, 훈련방법, 교수설계 등의 실천적 연구에 관심을 가졌다. 여기서 학습위계(hierarchy)란 학습조직이 여러 단계로 계층화되어 있는 것을 말하며, 학습사태(events)는 학습 도중 일어나는 여러 가지 사건이나 요소 등을 의미한다.

① 학습(learning)의 원리

인간발달을 위한 학습방식에는 성장 준비설(growth readiness model)과 인지적 적응설(cognitive adaptation model)이라는 두 가지 이론이 있다. 성장 준비설이란 학습이 아무 때나 이루어지는 것이 아니라, 학습자가 적절한 시기가 될 때까지 기다린 후 가르치고 학습해야 한다는 주장이며, 인지적 적응설은 학습자가 어느 단계까지 성장하도록 기다리는 것이 아니라, 언제든지 학습을 통해 학습자의 논리적 사고과정의 발달을 도와야 한다고 보는 주장이다.

가네는 인간에 의한 학습이 여러 상황에 일반화될 수 있기 때문에 하나의 원리를 통해 여러 상황에 적용하고 사용해 보는 것으로 인지적 발달을 도울 수 있으며, 이미 학습한 내용은 다른 지식이나 기술을 배울 때 통합되고 일반화되어 사용될 수 있다고 주장하였다. 따라서 인간의 지적 발달은 학습된 능력들이 점진적으로 복잡하고 의미 있는 구조들로 되어 가는 과정을 뜻한다. 행동주의 이론에 의한 학습 원리는 근접성(contiguity), 효과의 법칙(The law of effect), 연습(practice)의 세 가지 원리로 이해될 수 있다. 근접이란 학습자가 하나의 과제를 관련지어 경험하게 되면 그로 인해 다른 과제들까지 연상되어 생각나는 것을 의미하는데, 이를테면, 운동경기에서 테니스를 잘 치는 경험을 가진 사람이 스쿼시도 잘 치는 것과 같은 경우이다. 효과의 법칙은 손다이크(Thorndike)에 의해 주장된 것으로서, 하나의 상황에 대해 반응으로 결합되어질 때 그 반응의 결과에 따라서 결합의 상태는 달라진다는 것이다. 즉, 어떤 학습자가 컴퓨터의 워드를 했을 경우, 경험의 결과가 매우 좋았다고 생각하면 컴퓨터에 대한 생각이 좋아져서 결국은 다른 프로그램까지 잘 다룰 수 있는 것이다. 연습의 원리는 위 두 가지 법칙에 의해 연습이 체계적이고 반복적으로 계속되어지면 학습에 영향을 줄 수 있는 것으로서, 단순한 반복뿐만 아니라 자극과 반응(Stimulus-Response)을 반영하여 고려해야 할 것이다. 따라서 학습에 있어서는 이 세 가지 요소들이 서로 상호작용하는 원리로써 일어나야만 한다.

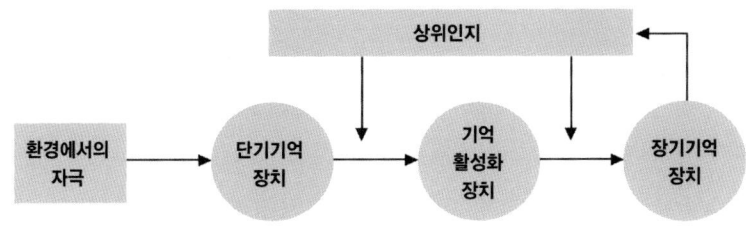

[그림 2-1] 학습자의 정보처리 과정

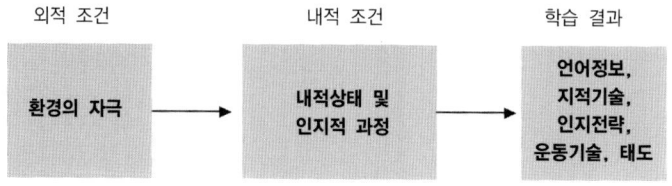

외적 조건	내적 조건	학습 결과
환경의 자극	내적상태 및 인지적 과정	언어정보, 지적기술, 인지전략, 운동기술, 태도

〈그림 2-2〉 학습 결과와 내적, 외적 조건

가네는 이러한 요소 이외에 고차원적인 지적 과정 및 인지 측면으로서 정보처리이론을 역설한 바 있다. 정보처리 이론이란 인간의 기억구조를 분석한 것으로서, 학습자에게 받아들여진 정보가 단기기억장치에서 우선 기억되고 기억 활성화장치를 통해 장기기억장치 속의 정보를 활성화시켜 학습이 이루어지는 것을 뜻한다. 정보처리 모형은 정보 저장과 인지적 과정, 상위(meta)인지의 구성 요소를 지니고 있다 (Eggen & Kauchak, 2001). 정보를 저장하기 위해서는 단기기억장치, 기억 활성화 장치, 장기기억장치가 각각 필요하다. 또한, 인지적 과정은 정보를 전환하고 다른 장소로 옮기는 지적행동을 말하는데, 주의집중, 지각, 시연, 부호화, 인출 기능이 있다. 상위인지란 인지적 처리 과정에서 학습자가 스스로 통제하고 조정하는 것으로서, 정보처리 과정 전체에 영향을 미친다.

가네는 학습자의 장기기억 속에 존재하는 정보들은 언어정보, 지적기술, 인지전략, 운동기술, 태도의 다섯 가지 요소들이 복합적이고 다면적이며 다양하게 존재하고, 다양한 능력들은 환경으로부터의 자극과 함께 인간의 인지적 정보 처리과정을 통하여 습득된다고 주장하였다. 따라서 학습이란 환경으로부터의 자극을 새로운 능력으로 획득하는 데 필요한 정보처리의 여러 단계들로 변형시키는 일련의 인지과정으로 정의될 수 있으며, 학습은 이러한 다섯 가지 요소가 학습의 결과로서 나타난 것이다. 다시 말해 학습이 이루어지기 위해서는 교수자가 여러 가지 사건(events)들을 통해 외적 조건인 학습 환경으로부터의 자극을 주어 내적 조건인 학습자의 내적상태 및 인지과정에 대한 다섯 가지 변화가 일어나야만 한다.

학습의 다섯 가지 요소인 언어정보, 지적기술, 인지적 전략, 운동기술, 태도와 학습의 조건 간에는 다음과 같은 특성이 있다.

〈표 2-4〉 학습의 다섯 가지 요소

학습의 형태	능력	수행	학습의 조건
언어정보	저장된 정보의 재생 (사실, 명칭, 문장)	정보의 진술 및 의사소통	• 의미 있는 정보재생 • 새로운 지식습득 • 피드백 제공
지적기술	학습자가 환경 개념에 반응하도록 하는 정신적 조작	상징(symbols)을 통한 환경과의 상호작용	• 하위기술 재생 • 안내 및 적용 • 시범, 피드백, 복습
인지적 전략	학습자 사고와 학습 관리에 대한 실행조절	학습자의 기억, 사고, 학습관리	• 관련 법칙, 개념재생 • 새로운 문제상황 제시 • 학습자가 해결책을 제시하도록 시범
운동기술	물리적 운동 수행 위한 능력과 실행계획	운동의 계열 및 활동의 시범적 수행	• 하위 운동기능 재생 • 운동기술 연습 및 정확한 피드백 제공
태도	사람, 물건, 사건에 대한 행동의 성향	사람, 물건, 사건에 대한 개인적 행동의 방향 선택	• 정보나 지적 기술 재생 • 존경의 기억재생 • 개인적 행동의 강화 제공

언어정보(verbal information): 언어정보에 관한 학습은 거의 모든 교과목에 필수적인 요소로서, 학습자가 다음 학습을 진행하는 데 필수적인 정보를 제공한다. 예를 들어, 인간의 정보처리 구조와 비슷한 컴퓨터 학습에 있어서 인간의 내적 정보처리 과정을 먼저 학습한 학습자는 컴퓨터의 정보처리 과정을 쉽게 이해하게 되는

경우다. 이처럼 언어정보는 학습의 전이를 도울 뿐만 아니라 다음 학습 진행을 위한 학습방향이나 지침을 제공한다.

지적 기술(intellectual skills): 지적 기술이란 다음 단계의 학습과 사고를 발전시키는 기능으로서, 지적 기술을 습득한 학습자는 여러 상황에서 그 기술이 어떻게 적용되고 사용되는지를 보여 줄 수 있다. 예를 들어, 비유의 사용법을 익힌 학습자는 보다 복잡한 수필을 쓸 경우에 보다 쉽게 사용할 수 있는 것을 말한다. 가네는 이러한 지적 기술의 형태로서 여러 자극들을 속성별로 분류할 수 있는 식별능력, 습득한 개념이 사용되는 구체적인 경우를 파악할 수 있는 구체적 개념, 언어적 정의를 사용하여 사건, 사물, 상태를 구분할 수 있는 정의된 개념, 특정 법칙의 적용을 시범적으로 보일 수 있는 법칙, 학습한 법칙을 기초로 새로운 법칙을 만들어 내는 고도의 법칙으로 각각 정의한 바 있다.

인지전략(cognitive strategies): 인지전략이란 학습자의 사고과정, 학습과정, 학습행동을 규제하고 관리하는 학습자 내부의 조직전략을 말한다. 예를 들어, 학습자에게 전지와 꼬마전구를 주어 여러 가지 시행착오를 거친 후, 스위치의 개념을 익히도록 유도하는 전략과 같이 다양한 상황에서 여러 가지 경험을 통하여 얻어지는 것으로서 이는 오랜 기간의 학습과 경험을 통하여 습득된다.

운동기술(motor skills): 운동기술이란 운동수행을 가능하게 하는 것으로서 가장 쉽게 관찰될 수 있다. 예를 들어, 타자기를 잘 치는 학습자는 컴퓨터의 자판을 사용하는 데 쉽게 운동수행을 할 수 있는 경우이다.

태도(attitude): 어떤 특정 사건, 사물, 사람에 대해 학습자가 좋거나 싫은 성향을 일관성 있게 나타내는 것을 말한다. 다만, 태도란 미술 관람에 긍정적 태도를 지닌 학습자가 어떤 선택의 경우에 미술 관람을 반드시 선택하지 않을 수도 있는 것처럼 어떤 상황에서도 같은 행동이나 선택을 하도록 하는 것은 아니다. 따라서 오랜 시간 동안 여러 상황의 관찰을 통해 학습자의 태도를 제대로 알 수 있다.

　지금까지 제시한 다섯 가지 요소 이외에 제대로 된 학습을 지원하기 위해서는 비슷한 성격끼리 묶어 주고(chunking) 묶은 내용을 계열화(systematic)하여 학습과정을 효과적(effective)이고 효율적(efficiency)으로 설계해야만 한다. 이를 위해 필요한 것이 학습의 조건이다. 학습을 위한 조건에는 내적 조건과 외적 조건이 있다. 내적 조건이란 선수학습 능력의 존재 여부와 학습자 내부의 인지과정 측면을 의미한다. 한편, 외적 조건이란 교수자가 가르칠 때 필요한 교수 사태들이 학습의 내적 인지과정을 자극하고 돕게 되는 여러 가지 방법들을 가리킨다.

　학습의 내적조건으로는 선행학습 능력과 인지과정을 들 수 있다. 이 가운데 선행학습에는 필수적인 것과 보조적인 것이 있으며, 필수적 선행학습이란 학습자가 문장의 개념을 익히기 위해 미리 단어의 개념을 반드시 학습해야 하는 것을 말한다. 반면, 보조적 선행학습은 문장 개념을 익히기 위해 보조되는 것으로 학습에 대한 자신감 등을 뜻한다. 정보처리 이론가들은 학습이란 정보나 기술들을 장기기억에 저장되는 것을 목적으로 기억 활성화 장치를 통해 처리되는 것이라고 생각하여 인지과정을 학습준비, 정보 및 기술획득과 학업수행, 학습의 전이 등 크게 세 가지 영역으로 구분하였다. 이 가운데 학습준비 단계에서는 매체나 언어자극을 통해 주의집중을 하게 한 후, 학습자에게 학습목표를 제시하여 학습에 대한 기대를 갖게 하며, 선수학습을 통한 기억을 재생시켜 확인시켜 주는 것이다. 정보 및 기술획득과 학업수행은 적절한 피드백과 강화를 통해 학습자가 학습된 기억을 재생하여 반응을 수행하는 것이며, 마지막 학습의 전이단계에서는 배운 내용을 여러 가지 상황에 적용하고 일반화시킬 수 있어야 한다.

〈표 2-5〉 학습자 내적과정과 교수사태의 관계

단계	내적 학습과정 (내적조건)	교수사태 (외적조건)
학습준비	• 주의 • 기대 • 재생	• 비범한 사건, 질문, 자극 변화를 통한 학습자 주의집중 • 학습자에게 목표 제시 • 선행학습의 기억 상기
정보 및 기술 획득과 학입수행	• 자극 요소들의 선택적 지각 • 의미 있는 정보의 저장 • 재생과 반응 • 강화	• 자극 자료 제시 • 학습 안내 • 학업수행 격려 • 수행 결과이 피드백
학습의 전이	• 자극에 의한 재생 • 일반화	• 수행평가 • 기억과 전이 격려

학습의 외적 조건을 다섯 가지 학습의 영역에서 살펴보면 다음과 같다. 언어정보 학습의 경우에는 정보를 의미 있게 제시할 수 있어야 하며, 지적기술의 개념 학습은 학습 간의 개념에 대한 구분을 할 수 있는 연습 기회가 필요하다. 또한, 인지전략의 경우에는 학습자가 적용해 볼 수 있는 기회를 제공하고, 운동기술인 경우에

는 익힌 기술을 수행하고 피드백을 줄 수 있어야만 한다. 태도학습
을 위해서는 직접 또는 간접 경험의 기회를 제공하여 학습자의 선
택에 따른 강화가 제시되어야 한다.

② 교수(Instruct)의 원리

　가네는 교수활동을 학습자의 학습결과에 직접적으로 영향을 미
치는 모든 종류의 노력이라고 보았다. 따라서 교수설계는 학습자
개개인의 학습을 증진시키기 위해 계획해야 하며, 다각적이고 장기
적인 계획을 포함시켜 학습자들을 자신감 있게 끌고 가기 위해 조
직적이며 체제적으로 설계되어야 한다. 따라서 교수활동은 학습 이
론에 바탕을 두고 개발되어야 하며, 교수설계는 단순히 무엇을 가
르칠 것인가에 대한 계획이 아니라 학습자가 어떻게 학습하는지에
기초를 두어 어떻게 학습의 조건을 충족시킬 것인가에 대한 계획
과정이 되어야 한다.

　따라서 교수활동에 있어서는 첫째, 교수의 목표설정과 함께 둘
째, 선택된 목표에 맞는 교수사태(events) 등을 파악하여야 한다.
위에서 제시한 5가지 학습 능력들 가운데 어떤 것을 가르칠 것인지
분명한 의도를 지닌 교수 목표들이 각각의 교과와 교과내용에 포
함되어야 한다. 이는 교수 목표란 학습자가 단위시간에 배워야 할
능력을 구체적으로 제시해 주는 중요한 기능을 갖기 때문이다. 따
라서 교수 목표를 정한다는 것은 과제분석을 통해 선수학습 요소
를 밝혀내고 교수내용을 선택하는 활동을 통해 위에서 제시한 다
섯 가지 학습 요소들을 습득하도록 하는 것이라고 볼 수 있다. 이

처럼 교수의 기능은 내적 조건과 외적 조건이 별개로 운영되는 것이 아니라, 학습자의 내적 학습 과정(내적 조건)에 대한 외적 환경을 만들어 주어 돕는 행위이다.

교수목표는 학습자와의 정확한 의사소통보다는 교수 설계자 자신의 목표 선택을 돕는 역할을 하는데, 일반적으로 진술된 교수목표는 다른 의미를 전달하기 쉬워서 교수설계에 있어서 명백한 방향을 제시할 수 없다. 즉, 이해한다거나 알 수 있다는 애매한 표현 대신, 명백한 교수목표의 제시를 통해 원활한 의사소통은 물론 교수 내용과 전략 및 평가를 정확하게 시행할 수 있다. 따라서 가네는 명료하게 기술된 교육목표로서 학습자의 행동, 행동의 대상, 상황, 도구 및 기타 제약조건, 학습된 능력 등 다섯 가지 구성 요소가 교수설계에 포함되어야 한다고 주장하였다.

예를 들어, '어떤 상품에 대한 질문 메일을 받았을 때, 답신 메일을 컴퓨터의 전자우편을 이용하여 자판을 두드려 작성한다'라는 교수목표의 경우에는 다음과 같다. '어떤 상품에 대한 질문 메일을 받았다'는 것은 학습자가 처한 상황에 대해 나타낸 것이며, '답신 메일'은 대상이나 행동의 목적이 '～을 하도록 요구하였는가'에 대한 것이며, '컴퓨터의 전자우편을 이용하여'라는 것은 어떻게 성취 행동이 이루어져야 하는가를 나타내는 도구 및 제약조건이 된다. '자판을 두드린다'라는 것은 학습자가 행동의 목적을 위하여 수행하게 되는 성취행동을 말하며, '작성한다'라는 것은 성취행동을 통하여 추론되는 능력의 성격이 나타나는 학습된 능력을 말한다.

한편, 메이거(Mager)는 교수목표란 교수의 바람직한 결과를 진술하는 것이며, 교수목표를 진술하기 위해서는 행동, 조건, 기준의 세 가지 요소가 필요하다고 하였다. 예를 들어, '인수분해가 주어졌을 때 학습자는 10분 안에 정확히 풀 수 있다'라고 가정하였을 경우, '인수분해가 주어진 것'은 조건이 되며 '10분 안에'는 기준이 되고 '정확히 풀 수 있다는 것'은 행동에 관한 것이다. 따라서 교수목표에 사용되는 동사는 다섯 가지 학습 능력에 맞는 행동적 용어로 진술되어야만 한다.

〈표 2-6〉 학습능력과 용어의 진술

학습능력	동사	용어
언어정보	진술하다	~논쟁점 진술
지적기술	식별하다(식별), 파악한다(구체적 개념), 분류하다(정의된 개념), 증명하다(법칙), 생성하다(고도의 법칙)	~대비하여 식별 ~이름 붙여 파악 ~사용하여 개념 분류 ~풀이하여 증명 ~통합하여 생성
인지적 전략	창조하다	~적용하여 창조
운동기술	실행하다	~진입시켜 실행
태도	선택한다	~를 선택

③ 계열화

교수설계에 있어서는 무엇을 가르칠 것인가에 관한 것만이 아니라, 어떤 순서로 가르칠 것인가가 중요하다. 가네는 이를 위해 학습의 위계(位階)를 정해야 하며, 학습의 위계는 위에서 아래로 분석하여 내려오지만 교수의 위계는 학습위계의 최하위로부터 위로 올라오면서 계열화해야 한다고 주장하였다. 따라서 교수의 계열화는 가르치려는 교과의 코스나 교과과정 → 단원 → 레슨(lesson) → 하나의 능력단위로 계열화하는 것을 뜻한다. 이때, 단원에서의 계열화는 단원이 추구하는 학습 결과가 무엇인지 분명히 알 수 있도록 구체적인 성취행동 목표로 진술하여야 한다. 또한, 하나의 레슨에서는 여러 능력을 다루기가 현실적으로 어렵기 때문에 하나의 학습능력을 가르치는 것이 바람직하며, 교수의 계열화는 선수학습능력으로부터 시작되어야 한다.

한편, 학습의 계열화는 반드시 학습되어야 할 지적 기술들을 제시하고 있는데, 하나의 기술을 습득하기 위해서는 두 개나 그 이상의 선수학습능력이 같은 수준에서 필요하다. 만약, 학습자가 선수학습을 완전히 습득하지 못했을 경우에는 선수학습 능력들의 학습이 먼저 선행되어야 한다. 따라서 학습의 계열화는 학습자가 이미 알고 있는 것이 무엇인가를 진단하고 그것을 바탕으로 교수내용을 선택하고 계열화하는 것을 의미한다.

④ 교수의 아홉 가지 사태

가네는 학습의 과정을 아홉 단계로 나누어 설명될 수 있는 학습자의 내적 인지과정이라고 주장하며, 교육현장에서 학습의 외적 조건들을 제공하는 교수 사태를 분류한 바 있다. 이러한 교수 사태는 학습의 내적 과정을 돕기 위한 외적 도움을 주는 방법으로서 학습이 의도하는 능력에 따라 각각 다르게 적용될 수 있다. 주의의 획득이란 학습 준비 단계로서 주의에 관련된 외적 조건을 가리킨다. 즉, 교수자가 몸짓이나 음성의 변화, 시각적 매체 등을 사용하여 학습자의 주의를 집중시키는 전략이다. 이는 집단수업의 경우에는 비언어적이거나 큰 음성을 사용하여 학습자의 주의를 집중시키고, 개별학습의 경우 학습자의 흥미나 호기심을 일으키는 새로운 문제 상황을 제시하거나 질문을 던져 학습자의 주의집중을 도울 수 있다. 이러한 주의 집중을 위한 전달 방식이나 내용에 대한 수업 전략은 교수 설계 과정에서 미리 준비해 두어야만 한다. 다음으로 학습자에게 목표를 제시하는 전략은 학습 과정에서 학습자가 어떻게 학습했다는 것을 스스로 알게 하는 것을 말한다. 따라서 이 과정에서 교수자는 학습자의 수준에 맞는 용어를 사용하여 제시해야만 한다. 본격적인 수업이 시작되기 전에 교수자는 학습자에게 새로운 교수목표와 연결된 선수학습 능력을 기억하도록 요구해야 하는데, 이때 요구되는 전략이 선수학습능력의 재생자극으로서 이는 새로운 학습과 연결되고 통합하여 제시되어야 한다. 지금까지 제시한 세 가지 전략은 도입과정에서 제시되는 교수 사태들이다.

〈표 2-7〉 학습 능력에 대한 교수목표 제시 전략

전개과정	교수사태 [학습의 내적 측면]	언어정보	지적 기술	인지적 전략	운동기술	태도
도입	주의의 획득[주의]	–	–	–	–	–
	학습자에게 목표 제시 [기대]	학습 후 할 수 있는 것의 진술	개념, 법칙 적용에 대한 행동 진술 및 시범	기대되는 해결책의 전략 진술	기대되는 수행 행동 시범	–
	선수학습 능력의 재생자극 [재생]	이미 알고 있는 지식을 기억하도록 자극	새로 학습 할 하위개념, 법칙, 언어 정보의 기억 필요	과제 해결에 필요한 법칙, 개념, 정보의 기억 재생	실행의 하위 단계와 기술 부분 기억	선택과 관련된 상황, 행동, 정보 기술의 기억
전개	자극 자료의 제시[자극 요소들의 선택적 지각]	구두, 음향, 인쇄매체를 이용한 주요 사항 강조	사물, 상징의 특징 부각한 강조기법 활용	새로운 문제 상황 제시 및 진술	도구나 기구 사용한 수행 상황 제시	인간 모델에 대한 일반적 성격 서술한 시범

	학습지침의 제공 [의미 있는 정보의 저장]	자극 내용을 지식, 경험과 연결한 구체적 예시	개념의 구체적이고 다양한 적용사례	구체적인 예 들고 문제 상황에 맞는 힌트 제공	계속적인 연습과 피드백 제공	인간 모델 행동에 대한 긍정적 피드백 관찰
전개	수행행동의 유도 [재생 과 반응]	학습자 스스로의 용어로 제시	새로운 상황에 개념, 법칙 적용	새롭고 도전적인 문제 제공	전체적으로 학습된 수행 기술 수행	미지의 문제에 대한 행동의 선택 유도
	수행행동에 관한 피드백 제공 [강화]	정보 진술의 정확성 확인	개념, 법칙의 상황 적용 확인	문제 해결 의 창의성 확인	학습자 수행에 대한 정확성의 정도, 시간	행동 선택에 대한 직·간접 강화
정리	수행행동의 평가 [자극에 의한 재생]	학습된 정보의 진술 및 발전	학습된 개념, 법칙의 상황 적용 요구	문제 상황에 의한 해결책 창조 요구	전체적으로 학습된 기술 수행	실제상황 모의 상황에서 행동을 선택하게 함
	기억 및 전이 높이기[일반화]	연습 기회 제공	일정한 간격 두고 복습 기회 제공	다양한 문제 통한 해결책 찾는 기회 제공	계속적인 기술 연습	여러 상황 제시한 행동 선택 기회 제공

수업의 전개 과정에서는 자극자료의 제시와 학습 지침의 제공, 수행행동의 유도, 수행행동에 관한 피드백 제공 전략이 필요하다. 수업에 있어서 자극자료를 제시할 때에는 다른 것들과 분명하게 구분되는 특징이 있는 자료들을 사용하여 교수자의 강조 기법이 효과적으로 사용되어야만 한다. 예를 들어, 특정 부분의 하이라이트나 굵은 글자, 밑줄, 이탤릭체의 사용이나 다양한 사례들을 제시하여 원하는 내용을 강조해야만 한다. 다만, 학습을 위해서 제시되는 자극들은 무조건 제시하는 것이 아니라 학습자에게 학습 지침을 함께 제공하여 의미 있는 자극을 주어야 한다. 이때 주어지는 학습 지침은 학습자가 경험한 것과 연결되거나 학습된 능력에 따라 구체적이고 친밀한 사례를 다양하게 제시해 주어야만 한다. 한편, 학습자가 학습한 지식들은 학습자의 수행을 유도해 봄으로써 학습자가 새로운 내용을 제대로 학습하였는지 확인할 수 있으며, 학습자 자신도

스스로 확인할 수 있는 기회가 된다. 다만, 이러한 수행을 실천한 학습자들에게는 수행에 대한 적절한 정보적 피드백을 제공하여 학습자 자신의 수행 행동이 어느 정도 정확했는지를 알려 주어야 한다.

수업의 정리 과정에서는 수행행동의 평가와 함께 기억 및 전이를 높이는 일반화 전략이 필요하다. 학습자가 학습한 내용들은 수행 행동의 평가를 통해 교수자로 하여금 새로운 학습이 얼마나 안정성과 신뢰성, 타당성과 함께 새로운 능력을 학습하였는지를 확인할 수 있다. 또한, 학습자들은 직접 경험하는 수행행동을 통해 연습의 기회를 가질 수 있다. 나아가 가치 있는 학습이 되기 위해서는 학습자가 배운 지식이 적절한 상황에서 재생되어 사용되어야 한다. 따라서 학습자가 오랫동안 기억하고 전이를 높이기 위해서는 다양한 사례들을 통해 많은 연습을 해야 하며, 동시에 교수자는 학습자에게 전혀 새로운 상황에 적용하는 문제를 제공해 주어야 한다. 지금까지 제시한 아홉 가지 교수사태 전략들은 학습의 내적 측면에서 살펴볼 때 교수와 학습활동이 분리된 것이 아니라 서로 연관되어 이루어짐을 알 수 있다.

(3) 메릴의 내용요소 전시이론

① 내용요소 전시이론

내용요소 전시이론(CDT: Component Display Theory)은 구인전시이론(構因展示理論)이라고도 하며, 메릴(Merrill)에 의해 주장된 이론이다. 이는 복잡한 학습 구성을 각각의 내용 요소들(components)로 나누어 학습의 수준을 결정한 후, 각각의 적절한 교수방법을 모델로서 전시(display)하기 때문에 붙여진 이름이다. 또한, 내용요소 전시이론은 가네의 교수설계 이론과 함께 교육공학에서 가장 많이 사용되는 실천 및 응용이론이며, 컴퓨터 활용 수업이나 비디오를 활용한 상호작용적 수업, 기업의 연수 설계 등에 자주 사용되고 있다.

라이거루스(Reigeluth)와 메릴은 교수설계의 변인을 교수조건, 교수방법, 교수결과로 각각 나누었다. 이 가운데 내용요소 전시이론은 교수방법에 해당되며, 다시 교수방법은 조직전략, 관리전략, 전달전략의 세 개 하위 영역으로 나뉘며, 이 가운데 조직전략에 해당된다. 한편, 조직전략은 다시 미시적 전략과 거시적 전략으로 나눌 수 있으며, 내용요소 전시이론은 미시적 전략을 다루는 이론이다.

거시적 전략은 여러 개의 아이디어들을 순서화하고 종합하며 요약한다. 그러나 미시적 전략의 수업설계는 각각 떨어진 하나의 학습 요소에 대해 교수하는 방법을 처방하는 이론이다. 따라서 내용요소 전시이론은 교수설계의 교수방법을 다루는 미시직 전략으로서 학습목표, 학습활동, 평가의 교수 영역 가운데 학습활동에 대해 교수 방법을 처방하는 처방적 이론이다.

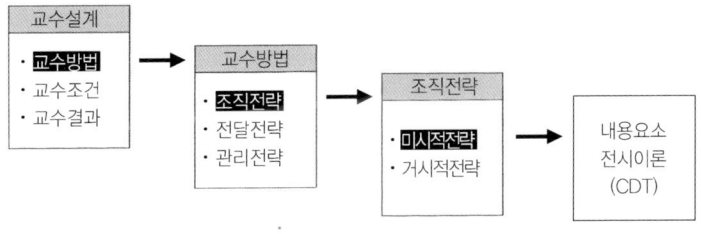

〈그림 2-3〉 내용요소 전시이론의 개념

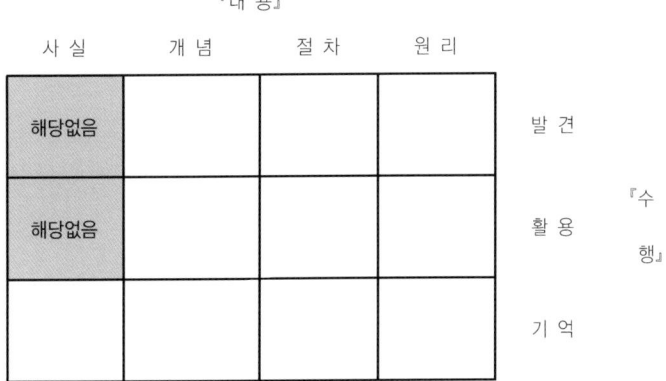

〈그림 2-4〉 수행·내용 매트릭스

② 내용요소 전시이론의 구성

내용요소 전시이론의 주요 개념은 수행·내용 매트릭스, 제시형, 일관성을 들 수 있다. 여기서는 가장 기본적인 수행·내용 매트릭스와 제시형에 대하여 각각 살펴보고자 한다.

수행·내용 매트릭스: 수행·내용 매트릭스는 내용요소 이론 가운데 가장 중심이 되는 이론이다. 이는 사실, 개념, 절차, 원리에 관한 학습 내용들이 학습자가 수행하는 과제의 특성에 따라 기억하거나 활용 또는 발견 활동을 통해 학습된다는 이론이다.

여기서 기억이란 학습자가 이미 저장된 정보를 재생하거나 재현시키기 위해 기억 속을 탐색하는 활동이며, 활용이란 학습자가 배운 특정한 사항을 어떤 사례에 적용해 보는 것을 뜻한다. 발견이란 학습자가 새로운 추상성을 도출해 내거나 창출해 내는 활동이다.

수행·내용 매트릭스 가운데 수행 영역에 있어서는 다음과 같다.

예를 들어, '대한민국의 수도는 서울이다'라고 가정했을 때, 이는 사실적 정보의 재생을 의미하는 기억 활동이며, '회로도를 보고 건전지를 병렬로 연결한다면 어떤 결과일까?'라는 것은 원리의 적용을 의미하는 활용 활동에 해당된다. 또한, '플레밍의 오른손 법칙을 이용하여 간단한 발전기 회로를 그려 보시오'라는 것은 새로운 것을 발견해 내라는 의미로서 발견 활동이라고 볼 수 있다.

한편, 수행·내용 매트릭스 가운데 내용 영역에 있어서는 다음과 같다. 학습 내용 가운데 사실이란 요일의 이름이나 역사적인 사건 또는 지명, 어떤 사건의 이름이나 기호 등과 같이 임의로 연관되어진 각각의 정보들을 가리킨다. 즉, '저항의 단위는 옴(ohm)이다'라든지 '컴퓨터의 최소단위를 쓰시오'라는 내용은 사실에 해당된다. 개념은 특정한 성격을 공유하면서 같은 이름으로 불리는 사물이나 사건 및 기호들의 집합을 뜻한다. 예를 들어, '다음 사진 중에서 접시꽃은 어느 것인가?'에 관한 것들이다. 절차란 주어진 과제의 목적을 달성하거나 문제풀이를 위해 학습자가 필요한 단계들을 순서대로 나타내는 것이다. 예를 들어, '다음 인수분해를 푸시오'라든지, '회로시험기를 사용하여 저항 값을 측정하는 순서를 쓰시오'에 해당하는 내용을 뜻한다. 마지막으로 원리는 어떤 현상들이 생기는 이유와 앞으로 일어날 것에 대한 예측으로서 사건이나 현상을 해석하고 이해하는 데 필요한 인과 관계나 상관관계를 나타낸 것이다. 예를 들어, '만유인력의 법칙을 간단히 설명하시오'라든지 '전구를 직렬 연결했을 때 병렬연결에 비해 어떻게 밝기가 다른지 예측해 보시오'라는 내용들이다.

일차 제시형: 일차 제시형이란 교수자가 수업이나 여러 가지 매체들을 사용하여 학습자들에게 제시되는 교수형태를 뜻한다. 이 가운데 일차 제시형은 학습자가 어떤 내용을 학습하기 위해 반드시 알 수 있도록 제시되어야만 하는 모형이다. 메릴은 일차 제시형의 모형을 이용해 어떤 일반적인 내용이나 사례를 교수자가 설명이나 질문을 통해 제시할 수 있다고 주장하였다. 이러한 네 가지 형태의 일차 제시형은 EG(법칙), Eeg(예), IG(회상), Ieg(연습)으로 각각 기호화할 수 있어 수업의 전개 형태를 시각화할 수 있으며, 이로 인해 학습자와의 의사소통을 쉽게 할 수 있다는 장점이 있다. 따라서 일차 제시형은 수행·내용 매트릭스와 함께 내용요소 전시이론의 가장 기본적인 모형이다. 여기서 EG(설명, 일반성)란 일반적인 내용을 설명하는 법칙을 뜻하며, Eeg(설명, 사례)는 특정한 사례를 서술적으로 설명하는 예를 뜻한다. IG(질문, 일반성)는 일반적인 내용에 관해 의문을 품고 생각해 보는 회상을 뜻하며, Ieg(질문, 사례)는 어떤 사례에 관해 호기심을 갖고 계속 시도하는 연습에 해당한다.

	설명[E] (Expository)	질문[I] (Inquisitory)
일반성[G] (Generality)	EG (법칙)	IG (회상)
사례[eg] (Instance)	Eeg (예)	Ieg (연습)

〈그림 2-5〉 일차 제시형

이차 제시형: 이차 제시형은 반드시 제시될 필요는 없지만, 일차 제시형과 함께 제시될 경우 학습의 효과성과 효율성을 증진시킬 수 있다. 따라서 일차 제시형에서 제시된 내용을 보다 정교화하여 학습 내용을 알기 쉽게 익히고자 할 때 사용되는 모형이다. 메릴은 학습의 정교화를 위해 맥락(context), 선수학습(prerequisite), 암기법(mnemonic), 도움말(mathemagenic help), 표현법(representation), 피드백(feedback) 등 여섯 가지의 정교화 형태를 제시하였다.

〈표 2-8〉 이차 제시형

일차 제시형 정교화의 형태	EG	Eeg	Ieg	IG
맥락(c)	EG'c	Eeg'c	Ieg'c	IG'c
선수학습(p)	EG'p	Eeg'p	해당 없음	해당 없음
암기법(mn)	EG'mn	Eeg'mn	해당 없음	해당 없음
학습촉진도움(h)	EG'h	Eeg'h	Ieg'h	IG'h
표현법(r)	EG'r	Eeg'r	Ieg'r	IG'r
피드백(FB) ca: correct answer h(help): 도움 u(use): 사용	해당 없음	해당 없음	FB/ca FB/h FB/u	FB/ca FB/h FB/u

지금까지 제시한 일차 제시형으로부터 이차 제시형과의 정교화 모형을 살펴보면 다음과 같다. 먼저 EG와 Eeg 정교화에는 맥락,

선수학습, 암기법, 학습 촉진도움, 표현법 등 다섯 가지 정교화가 있으며, Ieg와 IG 정교화에는 맥락, 학습촉진도움, 표현법, 피드백의 네 가지 정교화가 일차 제시형과 관련되어 있음을 알 수 있다.

〈표 2-9〉 일차 제시형과 이차 제시형의 관계

일차 제시형 / 정교화 형태	EG정교화 (일반적인 기술)	Eeg정교화 (특정한 예를 설명)	Ieg정교화 (일반적인 발견의 요구)	IG정교화 (일반성 및 법칙의 질문)
사례	[사례] 힘이란 질량과 가속도를 곱한 것이다	[사례] 조건반사를 위한 파블로의 실험	[사례] 예를 통하여 일반성 발견하기	[사례] 탄성의 법칙은?
맥락(c)	• 역사적 배경 • 뉴톤의 생애	• 실험하게 된 이유 • 파블로의 인적 배경	• 배경	• 설명 및 일반성과 유사한 경우 • 역사성, 선수학습, 관계의 중요성
선수학습 (p)	• 질량과 가속도의 개념	• 조건반사의 개념	해당 없음	해당없음
암기법 (mn)	• 머리글자만 암기	• 파블로와 연상	해당 없음	해당없음
학습촉진 도움(h)	• 주의환기(화살표, 밑줄, 색깔)	• 조건반사의 원리 부각(원, 화살표, 밑줄 사용)	• 힌트 등	• 일반성과 함께 특정 사례를 제공
표현법(r)	• 그림, 공식, 표 사용	• 그림, 공식, 표 사용	• 질문 및 사례(도표, 그림, 시청각)	• 표현을 달리하는 경우(그래프, 그림)
피드백(FB) ca:correct answer h(help):도움 u(use):사용	해당 없음	해당 없음	• 피드백이 가장 중요 • FB'ca: 옳은 답 제시 • FB'h: 정보주고 권유	• 피드백이 가장 중요 • FB'ca: 옳은 일반성

또한, 전시 방법에는 과정전시와 절차전시가 있다. 이 가운데 과정전시란 학습자들이 지식이나 정보를 어떤 방식으로 어떻게 받아

들이는 것이 좋은가를 알려 주는 것이다. 예를 들어 '눈을 감고 일상에서 활용되는 예를 찾아서 말해 보자'라고 교수자가 학습 과정 속에서 정보를 습득하는 방법을 제시하는 것이다. 반면, 절차전시란 학습자가 어떤 순서로 학습해야 하는가를 알려 주는 것이다. 예를 들어 '이전 페이지로 가시오'라든지 '컴퓨터를 켜시오'라는 지시어를 사용하여 학습자에게 학습하면서 사용되는 매체의 순서를 알려 주는 행위를 말한다.

(4) 롸이거루스의 정교화 이론(精巧化理論)

롸이거루스에 의해 개발된 정교화 이론은 먼저 정수(epitome)라고 불리는 수업의 전체 윤곽을 제시한 후, 점차 구체적이고 세분화하면서 기초적인 내용을 정교화시키는 전략이다. 따라서 이는 교수내용을 선택하고 계열화하며 종합, 요약하기 위해 적절한 방법을 제공하려는 거시적 수준의 조직이론이다. 롸이거루스의 정교화 이론은 수업을 줌 렌즈를 통해 사물을 보는 것으로 비유하고 있다. 즉, 정교화 이론이란 정수라고 부르는 전체 개요(overview)로부터 시작하여 전체 개요의 한 부분을 구체적으로 제시한 후, 다음 단계 수업에서는 다시 전체 개요를 검토한다. 그리고 난 후, 공부할 부분과의 관계를 보여주고 나서 요약(summary)과 종합(synthesis)을 통해 수업을 마무리하는 형태로 조직하는 전략이다. 따라서 정교화 이론에 의하면 교수자는 간단하고 기초적인 것부터 시작하여 구체적이고 복잡한 수준으로 학습을 전개하여 학습자가 전체적 맥락

속에서 부분과의 관계성과 중요성을 파악하도록 함으로써, 학습자가 처음부터 너무 복잡하거나 어려운 수준을 학습하여 의미를 파악하지 못하는 결점을 없애는 데 그 목적이 있다. 정교화 이론은 개념적, 절차적, 이론적 조직 모델과 함께 이들 세 가지 모델들을 통합하려는 하나의 체제로 구성되어 있다. 이들 세 가지 모델들은 일곱 가지 기본 전략들을 포함하고 있는데, 일곱 가지 기본전략이란 단순·복잡의 정교화 계열, 학습 선수능력의 계열, 요약자, 종합자, 비유, 인지전략 자극자, 학습자 통제를 각각 뜻한다.

① 개념적 정교화

수업의 목적이 성격상 개념적인 경우에는 개념들이 의미 있게 기억되도록 정교화하여야 한다. 따라서 교수자는 먼저 가르치고자 하는 개념들을 분석하고 조직하여 상위 개념, 동위 개념, 하위 개념들의 관계를 명백히 정해야 한다. 또한, 포괄적이면서 기본적인 개념적 구조를 먼저 선택하고, 구조 속의 개념들은 가장 일반적이고 포괄적인 것부터 시작하여 구체적이고 덜 포괄적인 것으로 점차 계열화시켜 나간다. 이렇게 개념을 중심으로 조직된 내용은 다른 형태의 지식이나 학습이 선행될 때 적절한 시기에 보충할 경우 유용하게 사용된다.

② 절차적 정교화

절차적 정교화는 학습을 처음 시작할 경우, 주어진 과제를 달성하기 위한 가장 간단한 길을 적용 수준에서 먼저 제시한 후, 점차 다른 여러 가지 길들을 더하여 제시해 나가면서 학습자에게 의미 있고 효과적인 교수를 제공하는 데 그 목적이 있다. 따라서 교수설계의 정교화 작업은 절차적 기술을 획득할 수 있도록 설계되어야 한다. 먼저 과제 달성을 위해 가장 간단한 행로와 함께 행로를 정하게 된 가정들을 밝혀야 하며, 밝혀진 가장 간단한 길을 바탕으로 가정들의 범위를 점차 넓혀 나가야 한다. 또한, 중요하고 포괄적이며 기초적인 방법은 먼저 제시한 후, 복잡성의 수준에 따라 다른 방법들이 점차 제시되도록 계열화해야만 한다.

③ 이론적 정교화

이론적 정교화는 학습에 있어서 이론적인 것들로서, 즉 원리나 이론이 발견된 과정을 설명하기 위한 것이다. 따라서 이론적 정교화는 먼저 학습자에게 가르치고자 하는 원리들의 범위와 깊이 정도를 결정한 후, 처음부분에서 보다 기초적인 원리들이 계열화되면서 점점 복잡하고 세부적인 원리들이 나중에 학습되도록 구성해 나가야 한다. 그러한 이유는 이렇게 계열화된 원리들이 다른 형태의 내용을 가장 적절한 곳에 제시할 때 보조적인 역할을 하기 때문이다.

④ 일곱 가지 기본 전략

라이거루스가 제시한 정교화를 위한 일곱 가지 기본 전략에는 단순·복잡의 정교화 계열, 학습 선수능력의 계열, 요약자, 종합자, 비유, 인지전략 자극자, 학습자 통제 등이 있다.

단순 · 복잡의 정교적 계열화(elaborative sequences): 학습내용을 단순한 것에서 복잡한 것으로, 일반적인 것에서 구체적인 것으로 조직하는 원리이다. 이는 오수벨, 브루너, 노만, 인지주의적 입장을 가진 이론가들에게 의해서 주장되었으며, 정교적 계열화 방식은 다음과 같은 두 가지 특징을 갖고 있다. 첫째, 학습내용의 일반적인 아이디어를 단순히 요약하기보다는 정수화하는 것이 중요하며, 정수란 교수내용을 대표하는 일반적이고 간단하며 구체적인 아이디어나 원리를 말한다. 둘째, 정수화는 개념, 절차, 원리라는 내용이 각기 서로 다른 형태에 대해 각각 다른 방법으로 이루어진다. 즉, 한 가지 형태에 대해 하나의 내용에 대한 각각의 정수가 독립적으로 정해진다고 볼 수 있다.

선수학습 요소의 계열화(prerequisite-learning sequences): 학습구조는 새로운 정보를 학습하기 전에 먼저 학습하여야만 되는 지식이나 정보를 나타내는 구조를 가리킨다. 이는 개념, 절차, 이론이 각기 다른 종류의 선수학습 요소를 필요로 하며, 다른 어떤 형태의 지식을 배우기 위해서는 그 지식을 배우기 전에 선수학습 요소의 구조가 먼저 학습되어만 한다. 따라서 선수학습 요소의 계열화는 새로운 지식을 제시하기 전에 그 지식을 습득하기 위해 필요한 모든 선수능력이 갖추어질 수 있도록 수업을 순서화하는 것을 말한다. 구체적인 선수학습 요소의 계열화 방법에는 다음과 같은 다섯 가지 전략이 있다. 첫째, 학습내용이 개념적 조직인 경우에는 가장 쉽고 친숙한 개념들로 이루어진 내용을 먼저 제시하고, 절차적 조직인 경우에는 단계의 수행에 필요한 단계별 기법들을 순서대로 제시한다. 또한, 이론적 조직의 경우에는 단순한 주요 조직 내용을 우선적으로 제시하도록 한다. 둘째, 주요 조직 내용이 이루어지고 난 후 제시되는 보조 내용은 주요 조직 내의 관련성을 고려하여 가장 가까운 것으로 선정한다. 셋째, 각각의 선수학습 요소는 그것을 필요로 하는 학습내용 바로 앞에 제시한다. 넷째, 동위의 개념들은 함께 묶어서 제시한다. 다섯째, 절차학습 이전에는 학습의 절차와 과정을 이해하는 데 도움이 되는 원리를 먼저 제시한다.

요약자(summarizers): 요약자란 학습자가 이미 공부한 내용을 잊어버리지 않기 위해 체계적으로 복습하는 데 사용되는 전략이다. 한 단원에서 가르친 개개의 아이디어나 사실에 대한 간결한 진술, 전형적이면서 외우기 쉬운 예 또는, 아이디어에 대한 진단적, 자기평가적 연습문제 등의 세 가지로 구성된다. 정교화 교수이론에서는 두 가지 유형의 요약자가 사용되는데, 각 단원에서 학습한 아이디어와 사실들만을 요약하여 수업단원 끝 부분에 제시하는 학습단원 요약자와 현재 학습하고 있는 학습단원 전체에서 가르친 아이디어와 사실을 요약하는 교과전체 요약자가 있다.

종합자(synthesizers): 종합자란 개개의 아이디어들을 서로 연결시키고 통합시키기 위하여 필요한 정교화 이론의 전략적 요소이다. 이는 아이디어를 깊이 있게 이해하고 지식간의 연결성을 제시함으로써 학습의 의미와 동기를 높이고 아이디어나 사실의 기억을 증진시켜 준다. 이러한 종합자가 요약자와 다른 점은 요약자가 지식의 형태에 관계없이 단원의 예문이나 아이디어, 테스트 문항 등을 진술하거나 제공하는 데 반해, 종합자는 개념이나 절차, 원리들을 성격에 따라 각각 통합하여 진술하거나 제공한다는 점이다. 따라서 종합자는 먼저 한 가지나 그 이상의 지식구조 형태로 일반성을 먼저 제시한 후, 학습한 아이디어들의 관계를 통합한 예들을 제시하고 진단적 자기평가 연습문제를 제공함으로써 완성된다. 또한, 정교화 이론에서는 한 수업 내에서 정보들 사이의 관계를 보여 주는 내부 종합자와 한 수업 내 정보와 다른 수업에서 배운 정보 간의 관계를 보여 주는 단원 종합자를 적절히 사용해야만 한다. 여기서 내부 종합자는 한 수업에서 제시된 정보들 간의 관계가 수평적으로 보이지만, 단원 종합자는 정보간의 수평적인 것뿐만 아니라 수업에서 제시된 정보들을 모두 포함하는 수직적인 것들도 제시하고 있다.

비유(analogies): 비유란 새로운 정보들을 이미 알고 있는 아이디어들과 서로 연결시켜서 새로운 아이디어들을 쉽게 이해하도록 도와주는 교수 전략이다. 예를 들어, 저항기(register)를 가르칠 때 전류가 흐르는 것을 방해하는 비유로서 수도꼭지의 밸브를 예로 든다든지, 컴퓨터의 중앙처리장치(CPU)를 가르칠 때 인간의 두뇌를 비유로 설명하는 것을 말한다. 이러한 비유는 새로 배우는 정보가 어려운 내용이거나 비유되는 아이디어와 유사성이 많을 때 효과적이며, 학습자에게 친숙하고 의미 있는 것일수록 유용하다. 따라서 비유가 많을 때에는 교수자가 제시하는 것보다 학습자가 선택하여 비유를 볼 수 있도록 유도하는 것이 바람직하다.

인지전략 자극자(cognitive strategy activators): 학습에 있어서 학습자가 학습내용을 어떻게 인지하여 머릿속에서 구성하는가 하는 것은 매우 중요한 일이다. 따라서 학습자의 인지전략과 함께 인지과정을 도와주는 자극자는 학습과정에 있어서 비유나 심상을 생각하고 만들어 내는 것으로서 내재된 전략 자극자와 분리된 전략 자극자로 나눌 수 있다. 내재된 전략 자극자란 학습 도중에 학습자 스스로 인지전략을 사용하고 있다는 것을 알지 못하면서 특정의 인지전략을 사용하게 하는 자극자이다. 예를 들어, 그림이나 도식, 기억술, 비유 등을 사용하여 학습자가 학습내용과 연결시키도록 도와주는 자극자이다. 분리된 자극자란 학습자가 이미 가지고 있는 인지전략을 학습내용에 맞게 사용하도록 도와주는 자극자이다. 여기에서는 그림이나 도식, 기억술, 비유 등은 제시되지 않으며, 학습자 스스로 만들어 보거나 유도하는 지시문이 주어지게 된다. 예를 들어, 배운 내용을 머릿속에서 한번 생각해 보라든지, 가장 중요한 내용에 밑줄을 그어 보라는 지시문을 통해 학습자가 이미 배운 내용을 의식적으로 검토해 보고 복습하여 기억 수준을 높이고 인지전략 능력을 증진시키는 데 그 목적이 있다.

학습자 통제(learner control format): 학습자 통제는 단순·복잡의 정교적 계열을 통해 개요 정리나 단원 선택, 다음 공부할 내용을 선택하도록 제공하는 전략이다. 이는 지금까지 제시한 여섯 가지 전략들을 통해 학습자 스스로 학습전략이나 인지전략을 스스로 선택하고 계열화할 수 있게 해 준다. 따라서 학습자 통제란 학습자가 학습할 내용의 통제나 학습할 때, 특정의 인지전략을 선택하거나 사용되는 전략의 순서를 통제하여 자신에게 가장 적합한 메타인지 모형에 따라 학습전략, 학습내용, 인지전략 등을 선택하고 계열화하도록 도와준다.

⑤ 정교화 이론에 기초한 여섯 단계 교수설계

일반적으로 정교화 이론에 기초한 교수설계를 할 경우에는 다음과 같은 여섯 단계의 교수설계 과정을 거쳐야 한다.

1단계 (내용의 유형 선정)	• 개념적 • 절차적 • 이론적
↓	
2단계 (구조 전개)	• 개념적 • 절차적 • 논리적
↓	
3단계 (내용할당)	• 개요 • 수준별 정교화
↓	
4단계 (보조내용할당)	• 조직 내용과 관련 여부 • 선수학습
↓	
5단계 (내용별 할당)	• 학습 단원별
↓	
6단계 (내용의 계열화)	• 학습 단원별
↓	
미시적 설계	• 내용요소 전시이론 사용

〈그림 2-6〉 정교화 이론에 기초한 여섯 단계 교수설계

(5) 란다의 순차·발견식이론

1976년까지 소련 시민이었던 란다(Landa)는 순차·발견식 이론

을 개발하였다. 순차·발견식 이론은 학습자들에게 지식 자체만을 가르치는 것이 아니라, 어떻게 그 지식을 적용할 수 있는가를 가르치는 것에 관심을 두었다. 이는 지식을 적용할 때 거치는 사고의 과정과 함께 사고의 과정에 기초한 지식을 적용해 가면서 나타나는 문제를 어떻게 해결해야 하는지를 처방하는 이론이다. 따라서 순차·발견식 이론은 지식을 기능과 능력으로 변형시키는 조작들과 기능과 인성적 성향으로 변형하는 조작의 체계를 학습과 수행의 관점에서 알아보고, 이미 밝혀진 조작들의 체계에 관한 정보를 어떻게 이용하여 의도적이고 효과적으로 학습자를 가르칠 것인가에 관한 교수의 관점에서 시작되었다.

① 학습과 수행의 관점

학습은 학습자들에게 지식의 획득만이 아니라, 지식을 적용하는 기능과 함께 지식이 적용되는 조작을 개발하여 학습자의 능력이나 개인적 성품을 길러 주는 데 목적이 있다. 이러한 지식과 기능 및 조작은 서로 밀접한 관련을 맺고 있다. 예를 들어, 기능은 지식을 적용하여 행동으로 나타나며, 이러한 기능은 지식 자체만으로는 개발될 수 없기 때문에 그 지식을 적용할 수 있는 조작을 알아야만 개발될 수 있다. 따라서 순차·발견식 이론의 기본 개념이 되는 지식, 조작, 능력, 개인적인 인성적 성향을 살펴보면 다음과 같다.

첫째, 지식은 사물이나 현상에 대해 알고 있는 것을 말하며, 이러한 지식은 영상, 개념, 명제의 세 가지 유형으로 나타난다. 예를 들어, 학습자가 시계를 단순히 그린다고 하는 것은 지식을 영상화한 것이며, 시계의 특징과 속성을 진술할 수 있는 것은 개념화한 것이다. 또한, 그러한 시계를 다른 사물이나 현상과 관련시킬 수 있는 것은 명제화한 것으로서 명제에는 정의, 원리, 가정, 정리, 법칙, 규칙 등이 포함된다. 둘째, 조작은 사물이나 현상의 영상, 개념, 명제의 세 가지 유형을 변형하는 것을 뜻한다. 예를 들어, 성냥개비로 별을 만들 경우, 성냥개비를 움직여 모양이나 크기, 특성을 각각 다르게 변형시킬 수 있는데, 이러한 조작을 운동조작이라고 한다. 조작은 사물의 실제에 대한 변형뿐만 아니라 영상, 개념, 명제들에 대한 정신적 변형도 가능한데, 이러한 조작을 인지적 조작이라고 한다. 인지적 조작에는 영상의 인지적 조작과 개념의 인지적 조작, 명제의 인지적 조작이 있다. 이 가운데 영상의 인지적 조작은 별의 영상을 실제가 아닌 머릿속의 상상을 통해 별의 모양이나 크기, 특징들을 변형시키는 것이다. 그러나 개념의 인지적 조작은 마음속으로 다른 속성이나 특징들을 더하거나 빼거나 대치하여 별을 변형시키는 것이며, 명제의 인지적 조작은 이미 정해진 정의나 정리, 법칙, 규칙 등을 변형시키는 것을 뜻한다. 셋째, 능력이란 특정한 기능을 일반적인 기능으로 변환시킬 수 있는 힘을 뜻한다. 이는 특정의 기능을 일반 상황에 적용할 수 있는 일반화된 심리적 현상이다. 따라서 교수자가 어떤 기능을 가르치기 위해서는 특수한 방법을 알아야 하며, 학습자는 특별한 활동을 통해 지식을 기능으로 변환시킬 수 있는 조작을 알아야 한다. 이러한 지식과 기능, 능력을 개발하기 위해서 필요한 것이 개인적인 인성적 성향이다.

② 교수의 관점

란다는 학습과 수행의 관점을 순차식 과정과 발견식 과정으로 구분하였다. 순차식 과정은 공중전화기를 사용해 전화를 건다든지, 자동차 시동을 거는 동작과 같이 특정의 조건 아래서 규칙적이고 일정한 방법으로 수행되는 조작을 말한다. 발견식 과정은 학습자가 어떤 문제를 풀 경우, 일반적인 속성은 주어지지만 문제 해결을 위한 지시나 특정의 사례를 가르쳐 주지 않고 학습자가 특정 문제 해결을 위한 방법을 발견해 나가는 방식이다. 따라서 발견식 과정은 순차식 과정에 비해 문제 해결 과정이 규칙적이지 않거나 일정한 방법으로 수행될 수 없는 경우에 사용된다. 따라서 순차식 과정에서 교수자는 알고리즘과 같은 것을 이용한 순차식 처방이 필요하지만, 발견식 과정은 발견식 처방이 필요하다. 처방적 이론에 기초한 순차·발견식 과정의 개발을 위한 교수 모형은 다음과 같다.

과정 지향적 교수모형과 처방 지향적 교수모형: 과정 지향적 교수모형과 처방 지향적 교수모형은 교수 처방이론이다. 따라서 학습자와 교수자 입장에서 두 개의 당위적 진술에 기초한 두 개의 교수 규칙들로 이루어져 있다.

당위적 진술(1)	• 학습자에게 순차·발견식 처방이나 지식을 가르치는 것이 아니라 학습자 스스로 개발하도록 한다.
당위적 진술(2)	• 교수자에게는 순차·발견식 과정과 순차·발견식 처방을 가르친다.
교수 규칙(1)	• 학습자에게 문제해결능력만 가르칠 경우, 순차·발견식 과정을 개발시키고 처방적 지식은 필요한 경우에만 가르친다.
교수 규칙(2)	• 교수자에게 문제해결 능력을 기르고 학습자를 가르칠 수 있기 위해서는 순차·발견식 과정과 함께 처방적 지식을 개발하여야 한다.

〈그림 2-7〉 과정 지향적 교수 모형과 처방 지향적 교수 모형

처방을 통한 과정의 교수와 시범을 통한 과정의 학습: 이 모형은 세 개의 경험적 명제와 하나의 당위적 진술, 그리고 이들을 기초로 한 두 개의 교수 규칙과 세 개의 일반규칙으로 이루어져 있다.

경험적 명제(1)	• 조작, 체제, 과정을 가르치기 위한 방법은 조작들의 처방과 시범이 있으며, 조작들을 숙달하려면 연습이 필요하다.
경험적 명제(2)	• 관찰 가능한 운동조작들은 처방이나 시범에 의해 가르칠 수 있으며, 관찰 불가능한 경우에는 처방에 의해서만 될 수 있다.
경험적 명제(3)	• 시범학습의 경우, 학습자는 시범이나 처방만을 통해서 쉽게 배우는가 하면, 시범과 처방을 동시에 사용하여 쉽게 배우거나 반대로 그렇지 못한 경우도 있다.
당위적 진술	• 학습자가 처방보다는 시범을 통해서만 쉽게 학습할 수 있는 경우에는 학습자가 어렵더라도 처방을 통한 학습과 함께 능력 개발이 중요하다.
교수규칙(1)	• 교수자가 처방과 시범의 두 가지를 통해 가르칠 수 있는 경우에는 학습자가 시범을 통해 쉽게 이해하고 처방을 통한 학습이 아니어도 효과적인 학습이 될 경우에는 시범이 유용하다.
교수규칙(2)	• 교수자가 처방과 시범의 두 가지를 통해 가르칠 수 있는 경우에는 학습자가 처방을 통해 쉽게 이해하고 시범을 통한 학습이 아니어도 효과적인 학습이 될 경우에는 처방이 유용하다.
일반규칙(1)	• 학습자 특성은 모르지만 개별화 수업이 가능한 경우에는 시범과 처방 두 가지를 모두 시도하여 본 후, 학습자에게 효과적인 방법을 선택한다.
일반규칙(2)	• 학습자 특성은 알고 있지만 개별화 수업이 불가능한 경우, 시범과 처방의 혼합된 방법을 사용하고 시범이 불가능한 경우에는 처방만 한다.
일반규칙(3)	• 학습자 특성을 모르며 개별화 수업이 불가능한 경우에는 시범과 처방의 혼합된 방법을 사용하고, 시범이 불가능한 경우에는 처방만 한다.

〈그림 2-8〉 처방을 통한 과정의 교수와 시범을 통한 과정의 학습모형

순차 · 발견식 절차에 대한 총체적 교수와 단계적 교수: 전체를 묶어서 하나의 총체적인 체계로 가르치거나 과정 내 조작별로 단계적으로 가르치는 순차 · 발견식 모형은 네 개의 경험적 명제와 두 개의 일반규칙이 있다.

경험적 명제(1)	• 가르치는 절차가 매우 길 때에는 조작끼리 연결하는 단계적 접근법을 사용한다.
경험적 명제(2)	• 조작들의 길이는 학습자의 개인적 특성에 따라 다를 수 있다.
경험적 명제(3)	• 한 번에 가르칠 조작의 수는 학습자가 얼마나 기본 조작을 학습할 수 있느냐에 달려 있다.
경험적 명제(4)	• 기본적 조작의 크기는 경험적으로 결정된다.
일반규칙(1)	• 효과적인 학습이 되기 위해서는 위에서 제시된 여러 명제들을 기본적인 조작들로 세분화하여야 한다.
일반규칙(2)	• 효과적인 학습이 되기 위해서는 학습자가 한 번에 다룰 수 있는 조작의 길이가 결정되어야 하며, 조작의 범위가 수업 단위보다 길 때에는 작은 단위로 나누고 그렇지 못할 경우에는 통합적 접근 방식이 필요하다.

〈그림 2-9〉 총체적 교수와 단계적 교수모형

단계적 접근방식은 다음과 같다. ① 학습자에게 순차 · 발견식 절차를 제시한 후, 문제 해결 과정을 시범적으로 보여 준다. ② 첫 번째 조작을 개발한다. ③ 적용할 수 있는 문제들을 주어 완전히 숙달할 때까지 연습을 하도록 한다. ④ 두 번째 조작을 개발한다. ⑤ 첫 번째 조작과 함께 적용할 수 있는 문제를 주어 숙달할 때까지 연습을 계속한다. 이와 같이 단계적 접근 방식은 모든 조작들이 완전히 익혀질 때까지 눈덩이처럼 이전 단계와 함께 덧붙여 위의 과정을 계속 이어 가는 방식이다. 이 방법은 복잡한 조작들을 체계적으로 학습하는 데 도움을 주지만, 개별화 수업과 개인의 적응수업을 적용한 통합적 접근을 시도할 때에는 교수자의 풍부한 경험이 필요하다.

제3장 수업체제설계(ISD)

제3장
수업체제설계(ISD)

1. 수업체제설계의 뜻

수업체제설계(ISD: Instructional Systems Design)란 학습자의 지식과 기술에 바람직한 결과를 가져오기 위해 적절한 교수 방법을 처방하는 것이다(Bruer, 1993). ADDIE 모형에서는 수업에 있어서 어떤 요구(needs)를 분석(Analysis)하여 해결 대안을 찾아내고 찾아낸 해결대안을 실행하기 위한 교육목표, 내용, 방법, 매체를 설계(Design)하고, 개발(Development)하고, 실행(Implementation)하고 그 결과를 평가(Evaluation)하는 체제적(systemic) 접근으로 정의하고 있다.

제1세대 수업설계는 주로 가네에 의해 주창된 이론이다. 이는 체계적인 수업설계로 인해 학습자보다는 교수자 중심의 수업 설계가 되기 쉽고 객관주의 이론에 의한 단순한 지식이나 사실들을 객관화하여 이해하고 적용하여 구성하기 때문에 복잡하고 다양성이 요구되는 학습 환경에서는 어려움이 있었다. 따라서 이를 극복하기 위해 메릴(Merrill)은 제2세대 교수설계 이론을 제안하였다. 이는 체제적 수업설계 방식으로서 학습자 중심의 수업설계를 위해 구성주의 이론에 적합한 원형적, 순환적, 반복적, 상호 협동적 설계방식을 뜻한다.

〈표 3-1〉 ISD의 세대별 구분

제1세대 ISD	제2세대 ISD	
체계적(systematic)	체제적(systemic)	
객관주의 (objectivism)	구성주의 (constructivism)	원형적 순환적 반복적 상호 협동적
전통적인 ISD	오늘날의 ISD	기술성 과학성 예술성

체계적(systematic) 접근방식은 전통적인 교수설계 방법이다. 이는 객관주의에 기초한 제1세대 교수설계 이론인 반면, 체제적(systemic) 접근은 구성주의에 근거를 둔 제2세대 교수설계 이론이다. 유영만(1998)은 이러한 논의가 실증주의와 현상학 또는 해석학적 입장을 각각 의미하는 것으로서, 궁극적으로는 실증주의적 ISD의 한계를 극복하기 위한 현상학적, 해석학적 ISD의 가능성에 대한 것이라고 주장하였다.

〈표 3-2〉 ISD의 세대별 구분

비교 항목		실증주의적 ISD	현상학적 · 해석학적 ISD
이론적 배경	심리학	행동주의, 인지주의	구성주의
	체제이론	체계적 경성체제이론	체제적 연성체제이론
	설계관심	합리적 설계관점	예술적 설계관점
철학적 배경		경험주의, 실증주의	현상학, 해석학
방법론적 입장		양적 방법론	질적 방법론
사고양식		서양	동양
패러다임(목적)		최적화 패러다임(최적화)	학습 패러다임(이해)
인식관심		기술적 통제	실천적 이해
모형구성논리		선형적 사고	비선형적, 원형적 사고
문제상황		구조적	비구조적
실천논리		분석 지향적	종합 지향적
설계관점		분석적, 합리적	직관적, 창조적

또한, 그는 ISD의 관점을 기술적, 과학적인 관점 이외에 예술적인 관점으로 바라보았다. 기술적 관점은 교수자에 의해 의도적으로 수업설계가 단계적, 순차적, 선형적인 설계로 이루어지는 것을 뜻한다. 반면, 과학적 관점은 검증이나 확증, 반증의 과정을 거쳐 처방성, 효율성, 경제성의 의미를 갖는 수업설계 방식이다. 그러나 예술적 관점은 순환적, 반복적, 원형적, 비선형적인 과정을 거쳐 학습자가 언제든지 창의적으로 학습에 참여할 수 있는 수업설계 방식을 뜻한다. 유영만(1998)은 수업설계의 개념은 본질적으로 과학적이거나 기술적이기보다는 예술적임에도 불구하고 설계 과학이나 설계 기술적인 접근을 시도함으로써, ISD를 과학이나 기술로 파악하거나 이해하는 접근방법이 기존 ISD분야에서 지배적인 위치를 점유하고 있다고 지적하였다.

이러한 결과 ISD는 예술성을 상대적으로 비하시키는 결과를 초래하게 되었으며, 예술적 측면과 대안적인 설계 관점을 통해 ISD는 하나의 예술적 작품을 창작하는 과정과 본질적으로 동일한 활동으로 볼 수 있다는 것이다. 따라서 수업설계를 통해 최종적으로 산출되는 교재나 강사 매뉴얼, 교수매체 등의 예술성은 일정한 인과 법칙이나 과학적 이론으로 설명하기 어렵기 때문에 예술적 접근이 타당하다고 볼 수 있을 것이다. 이처럼 ISD가 예술성을 갖는 이유는 수업설계자로서 교수자의 교수 행위가 본질적인 예술적 활동이며, 다양한 인쇄 자료나 원고를 집필하는 과정은 교수자의 상상력과 창의력이 필요한 예술적 활동이기 때문이다. 또한, 필름이나 TV 프로그램과 같은 시청각 자료를 제작하는 과정은 인쇄자료를 집필하는 과정보다 풍부한 상상력과 창의력이 필요한 부분이다. 따라서 수업설계를 위해서는 주어진 문제를 합리적으로 분석하기 위한 전문적 기술과 함께 새로운 아이디어를 발산하고, 이를 실제로 적용하기 위한 다양한 상상력과 창의력이 필수적으로 요구된다. 또한, 창의력과 상상력을 토대로 전개되는 과정은 일정한 규칙이나 관행을 단순히 따르기보다는 돌발적인 상황이 시시각각으로 요구하는 다양한 조건에 맞게 유연하게 대처하고, 그 결과를 비판적으로 성찰하여 실천과정을 개선하는 데 활용해야만 한다. 특히, 최근의 창의력과 참신성이 요구되는 상황에서는 과학, 기술, 예술로서의 ISD는 각각의 영역이 독단적으로 존재하는 것이 아니라, 체계적인 절차에 의한 기술로서의 ISD와 체제적 절차에 의해 구성된 예술로서의 ISD가 검증과 확증, 반증이라는 작업을 거친 과학으로서의 ISD로 태어날 때 더욱 빛을 발할 수 있을 것이다. 따라서 수업설계 과정은 주어진 문제를 합리적으로 분석하기 위한 전문적인 기술도 필요하지만 새로운 아이디어를 발산하고 이를 구현하기 위해서는 다양한 상상력과 창의력이 요구된다. 그러한 이유는 창의력과 상상력을 바탕으로 이루어지는 수업설계 과정은 일정한 규칙이나 관행을 단순히 따르기보다는 돌발적인 상황이 수시로 요구되는 다양한 조건에서 유연하게 대처할 수 있고, 비판적으로 성찰할 수 있으며, 나아가 다음의 실천과정을 개선할 수 있기 때문이다.

지금까지 제시한 수업설계 과정은 거시적 관점과 미시적 관점으로 나누어 볼 수 있다. 거시적 관점의 ISD는 분석, 전략, 평가의 3단계이며, 미시적 관점의 ISD는 ADDIE 모형에 기초한다고 볼 수 있다. 거시적 관점에서의 ISD는 먼저 도달하고자 하는 교수목표를 설정하고 다양한 학습 요소를 분석한 후, 어떻게 교수목표에 도달할 것인지 교수전략과 매체를 설계하고 개발하는 일이다. 개발이 끝나고 나면, 실행과 평가 단계에서 교수목표에 제대로 도착되었는지를 결과를 통해 평가하고 수정하는 일련의 과정이 이루어져야만 한다.

〈표 3-3〉 일반적인 ISD 과정

모형		과정	방법	내용	결과
분석	• 분석 • 설계	교수목표	어디에 (Where)	학습환경 학습자 학습과제 분석	검사문항 개발
전략	• 개발	교수전략 교수매체	어떻게 (How)	조직전략 전달전략 관리전략	프로그램 개발
평가	• 실행 • 평가	교수자료 평가 수정 및 보완	언제 (When)	형성평가	프로그램 수정

2. 수업체제설계의 필요성

교수자가 학습자에게 무엇을 어떻게 가르칠 것인가 하는 것은 매우 중요한 일이다. 따라서 학습자의 학습활동을 사전에 계획하여 학습의 효과성과 효율성을 높이기 위해서는 수업체제설계(ISD)가 이루어져야만 한다. 그러나 전통적인 교육과정에서는 필요한 교육을 필요한 사람에게 필요한 시기에 제대로 실행하고 있는지를 판단해 볼 수 없으며, 교육목표와 내용, 방법, 매체, 평가들이 유기적으로 통합되지 못하는 한계를 지니고 있었다. 나아가 기업교육에서도 경영에 있어서 수요자의 요구를 충족시킬 수 있는 다양한 해결대안을 설계하고 개발하고 실행하고 평가하기 위해서는 무엇보다 질 위주의 교육의 필요성이 대두되었다. 질 위주의 교육이란 고객만족과 고객감동을 이끌어 가는 교육을 의미한다. 이는 실제 생활현장에서 필요한 교육으로서 자율과 창의성이 발휘되며 동기유발 및 유지와 함께 학습자의 요구가 반영된 교육을 뜻한다. 따라서 이러한 요구로 인해 최근에는 ISD의 적용 분야가 학교교육뿐만 아니라 기업체 연수와 함께 성과중심의 인적자원개발을 위한 모든 분야에 적용되고 있다.

3. 수업체제설계의 구성

수업체제설계는 교수자 입장에서는 교수설계이지만, 학습자 입장에서는 학습설계가 된다. 따라서 교수자와 학습자를 포함한 수업에 있어서는 이들 모두를 포함하는 수업설계가 필요하다. 수업체제설계란 수업의 과정을 체제적 과정으로 설계하는 것으로서, 체제란 기술적으로 상호 관련된 구성 요소의 집합체를 가리킨다. 수업설계 방식에는 체제적 접근과 체계적 접근으로 나눌 수 있다. 체계적 접근이 단계적이며, 순차적, 직선적으로 설계하는 반면 체제적 접근은 비선형적이며, 비순차적, 역동적, 상호작용적으로 설계하는 방식을 따른다.

따라서 수업설계를 위해서는 교수방법과 그러한 교수방법이 사용될 수 있는 상황이 필요하다(Reigeluth, 1999). 교수 상황에는 교수조건과 학습 성과로 나눌 수 있다. 교수조건에는 학습내용의 특성과 학습자 특성, 학습환경 특성, 제한조건들로 구성되며, 학습 성과에는 수업에서 원하거나 요구하는 효과성, 효율성, 매력성을 각각 포함한다. 한편, 교수방법은 조직전략과 전달전략, 관리전략들로 구성된다. 조직전략은 수업 내용을 어떤 순서로, 어떻게 연결하여 제시할 것인가에 관한 것으로서 미시적 조직전략과 거시적 조직전략으로 구분된다.

미시적 조직전략은 단일한 개념이나 원리를 가르칠 때 정의나 사례, 연습문제, 해결책 등을 제시하여 차시 개념의 수업을 조직할 때 필요한 전략으로서 메릴의 내용요소 전시이론이 있다. 반면, 거시적 조직전략은 단원 수준 이상의 여러 개념이나 원리, 아이디어들을 서로 연결하여 가르치려고 할 때 아이디어를 선정하고 계열화하며, 요약하고 종합화하는 전략을 뜻한다. 브루너(Bruner)의 나선형 교육과정과 롸이거루스의 정교화 이론이 거시적 조직전략에 해당된다. 전달전략이란 조직된 학습 내용을 학습자들에게 제시하여 학습을 이끌어 가는 방법에 관한 전략이다. 사용해야 할 교수매체라든지 학습자료, 상호작용 과정 등이 전달전략에 포함된다. 관리전략은 수업을 진행하는 과정에서 언제, 어떻게 조직전략과 전달전략의 요소들을 적절하게 사용할 것인가에 관한 전략이다. 수업지도계획이라든지 성적관리 전략이 관리전략에 포함된다.

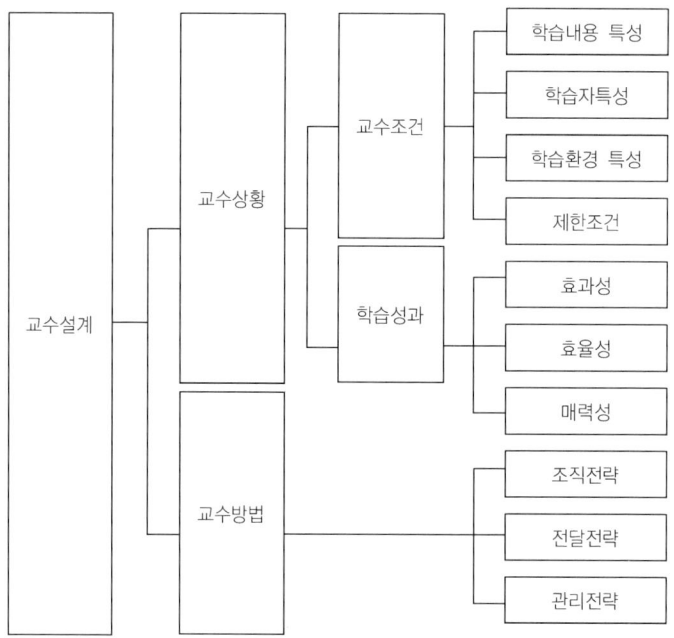

〈그림 3-1〉 수업체제설계의 구성

한편, Reiser & Dempsey(2002)는 구성주의와 객관주의 수업설계 방식을 다음과 같이 비교하였다.

〈표 3-4〉 ISD 영역별 구성주의 와 객관주의 수업설계

ISD 영역	객관주의 수업설계	구성주의 수업설계
분석	수업 내용 학습자 수업 요구 수업 목적	맥락 및 문화 학습자 문제 규명 주요 개념
설계	교수 목적 직무 분석 사정 규준	학습 목적 학습 계열: 그룹, 개인 맥락에 기인한 평가
개발	교수매체 설계	학습 자원 구성
실행	교수자: 주도, 전달 학습: 수용 초점: 목적 달성	교수자: 상담, 촉진 학습자: 주도, 조절 초점: 문제 해결
평가	무엇을 아는가 얼마나 아는가	어떻게 아는가 방법을 스스로 아는 것

이러한 비교는 기존의 철학적, 심리학적 관점의 객관주의와 구성주의를 서로 다른 학습 환경에서 어떠한 점들을 고려해야 하는지를 보여 주고 있다. 객관주의 설계 방식은 주로 교수(teaching)에 초점을 둔 교수자 중심인 반면, 구성주의 설계 방식은 학습(learning)에 초점을 둔 학습자 중심의 설계 방식이다.

4. 수업체제설계 모형

수업체제설계 모형은 무수히 많지만, 가장 일반화되어 있는
ADDIE 모형을 비롯하여 타일러(Tyler)의 합리적 교육과정 개발 모
형과 글레이저(Glaser) 모형, 딕(Dick)과 캐리(Carey) 모형, 스미스
(Smith)와 라간(Ragan) 모형 등에 관해 살펴보고자 한다.

(1) ADDIE 모형

ADDIE 모형은 Ritchie와 Hoffman(1996)이 제안한 수업체제설
계의 기본 모형이다. 이는 다음과 같이 분석, 설계, 개발, 실행, 평
가의 다섯 단계로 구성되어 있다.

분석(Analysis)	요구시정(needs assessment) 수행문제 분석(performance analysis) 학습자 분석(learner analysis) 직무 및 과제 분석(job and task analysis)
설계(Design)	학습목표, 교육내용, 학습자 활동, 교수전략, 매체, 적정 수업시간의 추정, 평가 도구와 기준 결정
개발(Development)	교재, 교수자용 매뉴얼, 시청각 매체, 평가도구 개발
실시(Implementation)	수업 시행
평가(Evaluation)	형성평가, 총괄평가

〈그림 3-2〉 ADDIE 모형

분석단계는 학습의 문제점이나 학습상황 등을 분석하고 찾아내어 무슨 내용을 어떻게 가르칠 것인가를 결정하는 단계이다. 여기서는 요구 사정(needs assessment), 수행문제 분석(performance analysis), 학습자 분석(learner analysis), 직무 및 과제 분석(job and task analysis) 등 분석활동이 필요하다. 요구(needs)란 최적의 수행과 실제 수행 간의 불일치를 뜻한다(Rossett, 1987). 따라서 요구의 차이를 확인하여 우선순위를 나열한 후, 그 차이를 줄이거나 없애는 과정이 필요하다(Kaufman, 1995). 또한, 박성익 등(2001)은 요구사정, 즉 요구분석을 조직의 생산성과 효율성을 높일 목적으로 수행상의 문제점을 찾아내어 해결하기 위해 분배되는 자원의 우선순위를 합리적으로 결정하기 위한 체계적인 과정과 절차라고 말하였다. Rossett(1991)는 요구분석을 위해서는 먼저 문제가 발생하는 상황을 기초로 요구분석의 목적을 결정하는 일이라고 제안하였다. 그러한 이유는 요구분석의 목적이 결정되면 정보의 출처가 확인되고, 이에 적절한 도구가 선택될 수 있기 때문이다. 여기에서 도구란 면담이나 관찰, 기록물, 질문지 등을 가리킨다. ADDIE 모형에서 요구사정은 교수자가 학습자의 요구가 무엇인지를 알아내고 찾아내는 것을 뜻한다. 수행문제 분석은 요구사정에 의해 도출된 문제점들을 토대로 학습자들이 학습을 수행하는 데 필요한 매체나 어려움이 무엇인가를 알아내는 단계이며, 학습자 분석은 학습자의 선수지식이나 물리적, 심리적 상태 등을 찾아내는 것을 말한다. 직무 및 과제분석은 학습자가 이미 경험하거나 담당하고 있는 직무나 역할을 사전에 파악해낸 후, 학습자의 직무와 과제에 맞는 수업을 처방하는 것을 뜻한다. 둘째, 설계단계는 코스 개발 단계 이전에 교과목들에 대한 구체적인 설계를 하는 것이다. 여기서는 달성해야 할 학습목표와 교육내용, 학습자 활동, 교수전략, 매체 등을 결정하거나, 적정 수업시간의 추정 또는 평가 도구와 기준을 마련한다. 셋째, 개발단계는 설계단계에서 만들어진 설계도를 기초로 교재와 교수자용 매뉴얼, 시청각 매체, 평가 도구 등을 실제 개발하고 만들어 내는 과정이다. 넷째, 실행단계는 개발단계에서 만들어진 도구들과 개발된 코스를 실제 학습 대상자들에게 학습하게 하는 단계이다. 다섯째, 평가단계는 크게 형성평가와 총괄평가 등을 통하여 학습자를 평가하거나, 다음 코스개발에 수정하여 사용하는 단계이다. 형성평가란 파일럿 테스트(Pilot test)와 같이 코스를 실시하기 전에 모의상황에서 학습자와 교과 내용 전문가들에게 개발된 내용과 매체 또는 평가도구 등을 제시하여 문제점을 점검하고 수정하는 것을 말한다. 총괄평가는 학습자의 학습된 내용에 대한 수행 정도를 평가하는 단계로서 학습자에게 점수나 등위가 부여되는 평가방식이다.

기존의 ADDIE 모형은 교수자와 학습자 간의 관계를 나타낸 2차원 교수설계 모형이었다. 그러나 최근에는 학습 환경에 해당하는 문화적 요소를 고려한 3차원 수업설계 모형이 제시되고 있다. 3차원 모형은 Thomas와 그의 동료(2002)들이 제안한 모형이다. 3차원 모형에서는 교수자가 수업을 설계할 때 교수자와 학습자뿐만 아니라 학습 환경을 함께 고려해야 한다. 3차원 모형에서의 문화란 학습 환경 또는 맥락(context)을 의미하는 것으로서 목적(Intetion), 상호 작용(Interaction), 자기반성(Introspection)의 3I's를 지칭한다. 이러한 3I's 요소는 기존의 ADDIE 모형의 분석단계에서만 일부 고려되었으나, 3차원 모형에서는 다섯 단계 모두 고려되어 설계해야만 한다. 그러한 이유는 제대로 된 수업설계를 위해서는 무엇보다 교수자와 학습자가 처해 있는 환경적 요소들이 가장 중요하기 때문이다. 3I's 요소 가운데 목적은 확실한 수업의 결과를 얻기 위해 필요하다. 학습을 통해 원하는 목적을 얻기 위해 학습자들이 불가피하게 해야만 하는 일이나 사용하는 언어, 또는 느낌이나 욕구가 무엇인가를 찾아내어 이를 설계에 반영하는 일이다. 따라서 목적을 찾아내는 일은 학습자의 요구가 설계자의 설계 의도에 영향을 미치기 때문에 중요하다. 상호작용은 설계하고자 하는 팀의 성격을 통해 효과적인 수업설계를 하기 위해 필요하다. 인간끼리 이루어지는 상호작용이나 사회화는 그들만의 문화와 사고로부터 비롯되기 때문이다. 따라서 수업설계를 위해서는 학습자들과의 활발한 상호작용이 필요하며, 상호작용이 어려울 경우에는 전문가나 경험자를 통해 해결할 수 있는데, 수업설계에 있어서 학습자들은 가장 위대한 경험자이다. 자기반성은 설계자 스스로 자신의 사고나 느낌, 행위에 대해 되돌아보고 반성해 보는 실천적 성찰을 뜻한다. 이는 교수자뿐만 아니라 학습자에게도 반드시 필요하다. 그러한 이유는 수업설계에 있어서 자기반성은 다른 문화와의 상호작용뿐 아니라 다른 문화를 수용하는 사고와 믿음, 태도, 욕구, 느낌 등을 고려할 수 있기 때문이다.

(2) 타일러의 합리적 교육과정 개발 모형

타일러는 교육과정 개발의 합리적인 절차를 위해 교수목표 설정,

학습경험 선정, 학습경험 조직, 학습성과 평가를 토대로 다음과 같은 모형을 제시하였다.

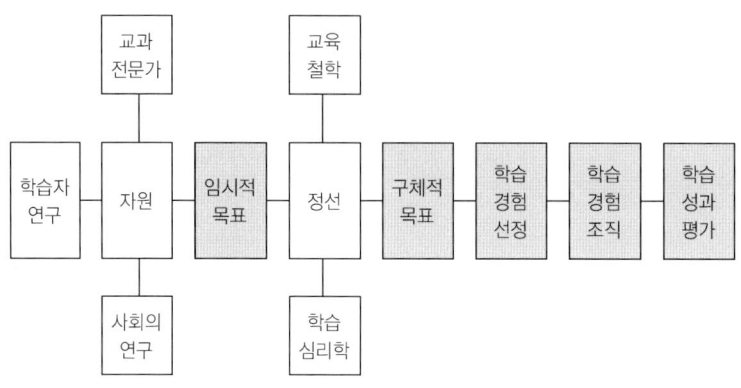

〈그림 3-3〉 타일러의 합리적 교육과정 개발 모형

교수목표 설정: 교수목표 설정을 위해서는 학습자, 교과 전문가, 사회의 자원들로부터 임시적 목표를 설정해야 한다. 그리고 설정된 임시적 목표는 가르칠 가치가 있는지, 학습 가능한 목표인지를 교육철학과 학습 심리학을 기초로 정선한 후 구체적인 목표를 정해야 한다. 설정된 구체적인 교수목표는 내용과 행동이 포함된 행동적 용어를 사용하여 진술해야만 한다.

학습경험 선정: 설정된 교수목표를 달성하기 위해서는 기회의 원칙, 가능성의 원칙, 만족의 원칙, 경험의 원칙, 일 경험 다 목표의 원칙 등 다섯 가지 학습 경험 선정에 대한 원칙이 필요하다. 기회의 원칙은 학습자들에게 실제 경험할 수 있는 기회를 주는 것을 말한다. 가능성의 원칙은 학습자가 경험할 것들이 학습자의 발달 수준이나 능력을 고려한 것인지에 관한 것이다. 만족의 원칙은 학습자들이

경험한 결과에 대해 만족감을 느낄 수 있는 것을 의미한다. 경험의 원칙은 하나의 목표 달성을 위해 학습자에게 다양한 경험을 거치도록 하는 것이다. 일 경험 다 목표의 원칙은 학습자들이 하나의 경험을 통해 여러 가지 목표가 동시에 달성되도록 하는 것이다.

학습경험 조직: 이는 효과적인 학습을 위해 선정된 학습경험을 조직하는 것으로서, 계속성, 계열성, 통합성을 각각 의미한다. 계속성이란 필요한 교육과정의 요소가 수직적으로 반복되도록 조직하는 것이며, 계열성은 필요한 교육과정 요소의 경험 수준과 범위가 점차 깊어지고 넓어지도록 조직하는 것을 말한다. 통합성은 교육과정 경험에 대한 수평적인 관계로서, 필요한 교육과정 요소를 다른 교과에서 다시 배울 수 있게 하여 통합적인 지식을 얻도록 조직하는 것을 말한다.

학습성과 평가: 평가의 목적은 학습자의 목표 달성 정도와 수업 프로그램의 효과성을 알아보는 데 있다. 이러한 평가 과정을 통해 교수자는 자신이 계획한 교육과정과 수업 관련 프로그램이 제대로 교육목표에 도달했는지를 진단할 수 있다.

(3) 글레이저의 모형

글레이저는 체제 접근 이론에 기초한 모형으로 수업목표 설정, 투입행동 진단, 학습지도 절차, 학습성과 평가를 토대로 다음과 같은 수업모형을 제시하였다.

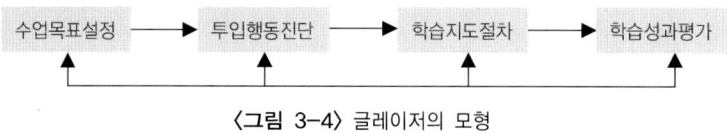

〈그림 3-4〉 글레이저의 모형

수업목표 설정: 수업활동의 방향 제시와 함께 학습지도 절차를 안내하며, 학습성과에 대한 평가 기준이 된다.

투입행동 진단: 새로운 내용을 배우기 이전에 이와 관련된 기본적인 지식을 습득하였는지를 확인하는 단계이다. 이는 학습자의 특성에 따른 수업 개별화와 함께 학습 효과를 발휘하도록 돕는다.

학습지도 절차: 투입행동 진단 과정을 통해 학습자의 특성에 적합한 학습지도를 수행하는 단계이다. 도입단계에서는 동기유발과 함께 명확한 학습목표의 이해, 선수학습 요소와의 연결활동을 수행한다. 전개단계에서는 학습과제와 내용의 제시, 학습활동 안내. 수행한 학습활동의 피드백 및 교정활동을 수행한다. 정리단계에서는 학습 내용의 정리 및 점검, 차시 학습내용의 제시 등이 포함된다.

학습성과 평가: 수업의 효율성을 확인하기 위해 학습에 관한 성과를 평가한다.

지금까지 제시한 글레이저 모형은 각각 적용되기보다는 이들 네 가지 요소들을 서로 연계하여 피드백하고, 대부분의 교과에 적용 가능한 일반적인 수업 모형이다.

(4) 딕과 캐리 모형

딕과 캐리는 다음과 같은 10단계의 체제적 수업설계 모형을 제시하였다.

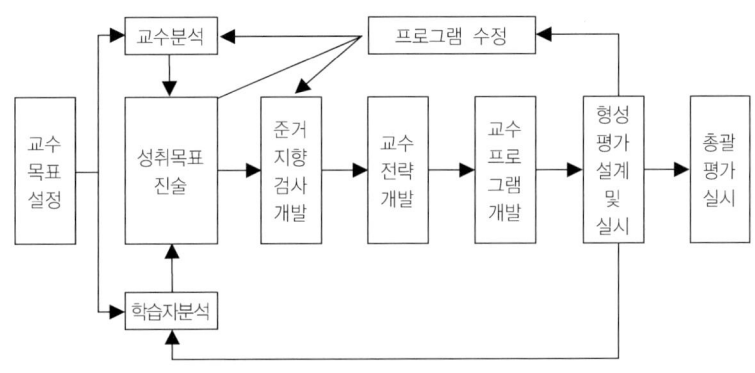

〈그림 3-5〉 딕과 캐리 모형

교수목표 설정: 학습자의 요구 분석을 토대로 교수목표를 설정하는 단계이다. 교수목표란 수업 프로그램을 수행한 결과 학습자가 보여 줄 수 있는 구체적인 행동을 의미한다. 따라서 교수목표는 요구분석을 통해 얻어진 해결책 가운데 수업 프로그램을 통해 가장 효율적인 문제해결을 위한 과정이다. 교수목표의 설정은 다음과 같다.

- 교수목표를 기록한다.
- 교수목표를 수행하였을 때 학습자가 보일 수 있는 행동을 나열해 본다.
- 나열된 행동 가운데 교수목표를 가장 잘 반영하는 행동을 선정한다.
- 선정된 행동을 최초에 진술한 교수목표와 통합한다.
- 학습자의 행동을 통해 교수목표를 달성할 수 있는지 검토해 본다.

교수 분석: 학습과제 분석과 함께 선수학습 능력을 진단하여 교수목표 유형과 그 목표에 대한 하위 기능을 분석하는 단계이다. 여기서 교수목표의 유형분석이란 그 목표가 어떤 종류의 학습 영역인가를 분석하고, 나아가 학습자가 그 목표를 달성했을 때 무엇을 할 수 있는지를 명확히 하는 것을 뜻한다. 또한, 하위 기능분석에는 위계적 분석과 절차적 분석, 군집 분석, 혼합적 분석 등이 있다. 이 가운데 위계적 분석은 과제 수행을 위해 필요한 필수 능력을 추적하여 분석함으로써 기능 간의 위계적 구조를 그리는 방법인데, 주로 지적 기능의 분석에 사용된다. 절차적 분석은 운동 기능과 같이 먼저 수행해야 할 과제와 나중에 해야 할 과제의 순서를 분석하는 것이다. 군집 분석은 언어적 정보와 같이 학습 과제끼리 논리적 구조가 없는 과제 분석에 사용되며, 교수목표와 관련된 정보를 같은 범주끼리 묶어서 제시한다. 혼합적 분석은 위의 세 가지 분석 방법을 혼합하여 분석하는 것을 말한다.

학습자 분석: 학습자가 이미 알고 있어야 하는 선수학습 기능과 함께 학습자의 특성을 분석하는 단계이다. 선수학습 기능 분석은 학습자가 현재 어느 수준에 도달했는지를 확인하는 것이며, 학습자 특성 분석은 학습자 특성에 가장 적합한 교수전략을 설계하기 위한 것으로서, 학습자의 적성이나 학습양식, 지능, 동기, 태도 등을 알아보는 것이다. 실제 교수설계에 있어서의 학습자 분석은 수업이 개인보다는 집단으로 이루어지기 때문에 학습자 개인보다는 집단의 특성을 분석하는 것이 바람직하다.

성취목표 진술: 수업이 끝난 후 학습자가 할 수 있을 것으로 기대되는 성과를 구체적으로 진술하는 단계이다. 성취목표는 학습자

가 보일 행동과 함께 그 행동이 수행될 조건이나 상황, 성취기준 등이 함께 제시되어야 한다.

준거지향검사 개발: 준거지향검사는 목표지향 검사와 같은 의미로서, 학습자들의 목표 달성 여부를 판단하는 기준이 된다. 따라서 이 단계에서는 수업목표를 기준으로 학습자의 성취목표 도달 여부를 확인할 수 있는 평가도구나 검사문항을 개발한다.

교수전략 개발: 수집된 자료를 토대로 최종 목표를 달성하기 위해 수업의 운영방법을 결정하는 단계이다. 이를 위해서는 실제 교수가 이루어지기 이전의 활동, 정보제시활동, 학습자 참여활동, 검사활동, 사후활동에 관한 전략 개발이 필요하다. 교수 이전의 활동을 위해서는 동기유발, 목표 제시, 출발점 행동 확인 활동이 필요하며, 정보제시활동은 교수 계열화, 교수 단위의 크기 결정, 정보와 예의 제시활동이 있다. 학습자 참여활동에는 연습 수행과 피드백 활동이 있으며, 검사활동에는 사전검사, 학습 증진검사, 사후검사 등이 포함된다. 사후활동은 교정학습과 심화학습으로 구분된다.

교수 프로그램 개발: 실제 사용할 수업자료와 수업 프로그램을 선택하거나 개발하는 단계이다. 학습자 매뉴얼을 포함하여 교수자료, 검사도구, 교수자용 지침서 등이 개발되어야 한다.

형성평가 설계 및 실시: 실제 수업에 적용하기 전에 미리 프로그램을 사용해 봄으로써 프로그램 개선을 위한 자료를 수집하는 단계이다.

프로그램 수정: 형성평가를 통해 얻어진 자료를 토대로 프로그램의 문제점을 검토하여 수정하는 단계이다.

총괄평가 실시: 수업이 끝난 후 결과에 대한 총괄평가를 수행하

는 단계로서, 완성된 수업 프로그램의 최종 평가를 의미한다. 이는 교수설계 과정에는 포함되지는 않지만, 전반적인 프로그램의 가치를 평가해 볼 때 사용된다.

(5) 스미스와 라간 모형

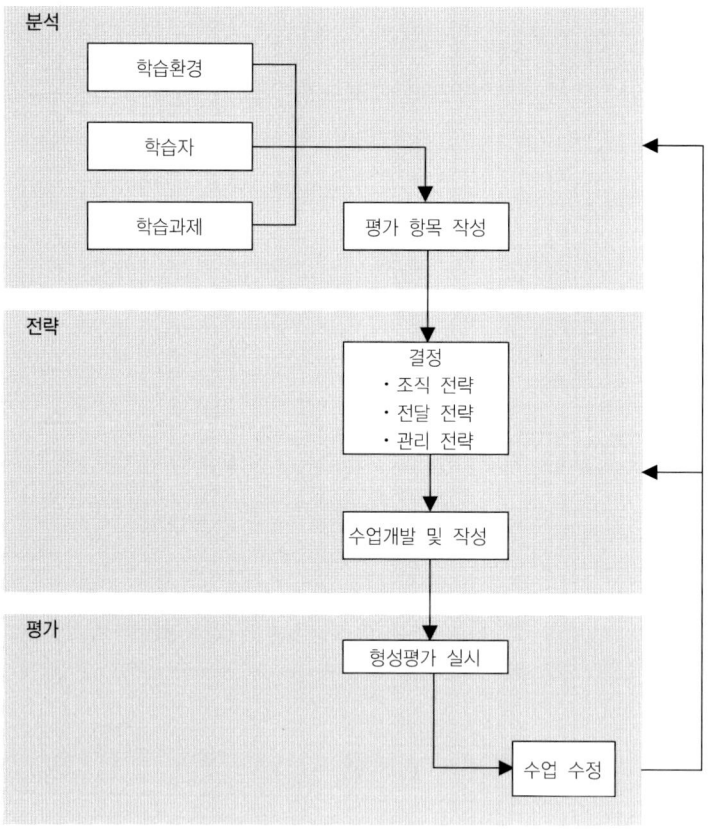

〈그림 3-6〉 스미스와 라간 모형

이 모형은 분석, 전략, 평가의 세 단계로 구성된다. 교수설계 과정에서는 단계에 따라 각각 독립적으로 수행되기보다는, 동시적으로 수행되는 상호작용적 관계에 있다. 수업 설계에 있어서 교수 설계자는 다음과 같은 세 가지 질문을 스스로 던져야 한다(Mager, 1984). 첫째, 우리는 어디로 가고 있는가? 이는 수업의 목적에 관계된다. 둘째, 우리는 그곳에 어떻게 갈 것인가? 이는 수업 전략과 매체의 관계이다. 셋째, 언제 우리가 도착될 것인지 어떻게 알 것인가? 이는 평가와 수정의 관계이다.

이러한 세 가지의 문제를 해결하기 위해 스미스와 라간(2005)은 설계와 개발 과정에서 다음과 같은 모형의 필요성을 제시하였다.

첫째, 어디로 가고 있는가를 결정하는 수업 분석의 수행

분석 단계에서는 학습환경, 학습자, 학습과제의 분석과 함께 평가문항을 작성한다. 이 가운데 학습환경 분석은 수업 프로그램이 실행되는 환경(주변 환경, 교수자, 교육과정, 교수매체, 교수자 및 학습자 조직)에 대한 기술과 함께 요구분석을 수행한다. 요구분석은 수업 프로그램이 적합하지 않거나 새로 개발해야 하는 경우에 수행된다. 학습자 분석은 학습자의 특성에 대한 분석이며, 학습과제 분석은 수업 프로그램에서 다루는 학습 내용의 유형을 분석하는 것이다. 마지막으로 평가문항 작성은 학습 환경과 학습자 특성, 학습 과제 분석을 통해 명확해진 수업목표와 학습과제의 수행 결과에 대해 평가 문항을 작성하는 것을 말한다.

둘째, 어떻게 갈 것인가를 결정하는 수업 전략의 개발

수업 전략의 개발은 조직전략, 전달전략, 관리전략을 각각 결정

하고 개발하는 과정이다. 조직전략은 수업을 어떻게 계열화하고 어떤 학습 과제가 어떤 순서로 어떻게 제시할 것인가를 결정하는 것이다. 전달전략은 학습내용의 전달을 위한 상호작용의 과정으로서, 수업 매체의 사용과 학습 집단 구성에 중점을 둔다. 관리전략은 수업의 운영을 조정하고 안내하기 위한 시간계획, 학습자원 관리와 분배, 학습자 및 교수자 관리 등에 관한 전략이다. 이러한 세 가지의 전략이 결정되고 나면 실제 수업에 필요한 자료와 프로그램을 개발해야 한다.

셋째, 언제 도착할 것인지 아는 방법을 결정하는 평가의 수행과 개발

평가 단계는 수집된 정보를 통해 수업자료나 프로그램의 문제점을 수정하고 보완하는 과정이다. 이는 형성평가와 총괄평가로 나눌 수 있는데, 형성평가는 개발된 수업자료나 프로그램이 제대로 개발되고 사용되었는지를 평가하는 것으로서 내용전문가와 설계전문가, 교수자, 학습자들이 함께 참여하여 평가한다.

지금까지 제시한 분석, 전략, 평가의 과정이 끝나고 나면 반드시 수정·보완을 통해 프로그램과 사용된 수업 자료 및 매체를 재구성해야만 한다. 그리고 각각의 단계에 순환(feedback)하는 과정을 통해 제대로 설계된 수업이 이루어져야만 할 것이다.

한편, 김신자(1998)는 Dick & Carey(1996) 모형을 토대로 다음과 같이 아홉 개의 과정을 통한 단계별 교수전략을 제시한 바 있다.

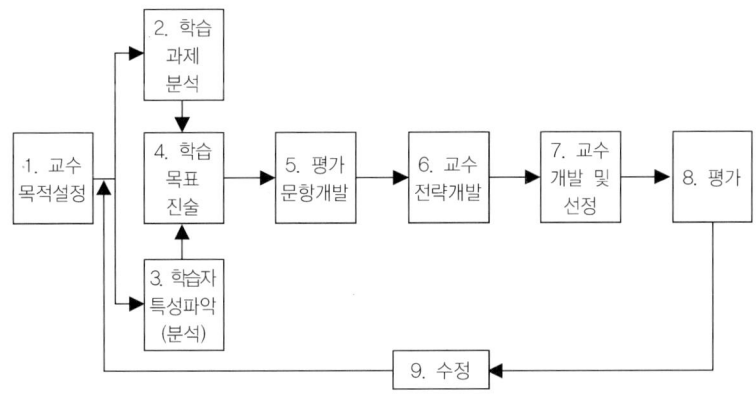

〈그림 3-7〉 체제적 ISD 모형(김신자, 1998)

교수목적 설정: 학습자가 수업이 끝난 후, 스스로 학습할 수 있도록 최종적인 목적지를 설정하는 단계이다. 따라서 교수자는 교육과정의 분석을 통해 학습자가 무엇을 학습하기 원하는가에 대한 요구(needs)를 분석해야 한다. 이 과정은 ADDIE 모형의 분석과정에 해당된다.

학습과제 분석: 학습자가 학습목표를 달성하기 위해 배워야 하는 학습 유형의 결정 단계이다. 이를 위해 학습과제와 함께 학습에 필요한 위계적인 기능과 요소를 사전에 분석해야 한다.

학습자 특성 분석: 학습자가 사전에 학습에 관련된 지식을 얼마나 알고 있는지를 알아보는 단계이다. 따라서 이 과정은 학습자의 선수지식과 함께 학습 상태를 알아보는 출발점 행동의 분석에 해당된다. 이 과정은 교수자가 수업설계를 위해 반드시 거쳐야 하는 학습자 분석과정이다.

학습목표 진술: 학습과제 분석과 함께 학습자 특성을 토대로 성

취해야 할 학습목표를 구체적으로 진술하는 단계이다. 학습목표 진술은 학습자 입장에서 행동적 용어를 사용하여 진술해야 하는데, 이 과정은 ADDIE 모형의 설계과정에 해당된다.

평가문항 개발: 학습자가 달성해야 하는 학업 성취수준의 결정과 함께 학습한 결과를 측정하기 위한 평가문항을 개발하는 단계이다. 평가문항은 학습자의 수준을 고려하여 다양한 관점에서 평가될 수 있어야 한다.

교수전략 개발: 교수자가 수업을 실행하는 방법과 절차를 개발하는 단계이다. 따라서 이 과정에서는 매체 활용 계획, 동기유발, 연습, 피드백, 학습내용 제시 등 다양한 교수전략이 개발되어야 한다. 이는 ADDIE 모형의 개발과정에 해당된다.

교수개발 및 선정: 교수전략 개발 단계에서 개발된 교수전략을 토대로 실제 학습에 활용되는 수업매체와 자료를 만드는 단계이다. 제작된 매체와 자료는 학습자의 특성과 환경을 고려하여 선정되고 실행되어야 한다. 이 과정은 ADDIE 모형의 개발 및 실행에 해당된다.

평가: 제작된 자료나 매체는 수업에 활용하기 이전에 형성평가를 통해 미리 검토하여 수정하고 보완해야 한다. 또한, 총괄평가를 통해 개발된 교수프로그램의 효과를 검증해야 하는데, 이는 ADDIE 모형의 평가과정에 해당된다.

수정: 수정단계는 실제 학습을 통해 어떤 점이 잘못되었는지를 확인하여 수정하는 과정이다. 따라서 학습목표 진술이나 평가문항 등 다양한 요소들을 종합적으로 검토하여 수정해야 하는데, 이는 평가 단계와 함께 효과적인 수업매체와 자료를 만들기 위한 과정이다.

■■■ 제4장　인적자원개발(HRD)

제4장
인적자원개발(HRD)

1. 인적자원개발의 뜻

인적자원개발(HRD: Human Resource Development)이란 조직이
고용한 사람들의 기술이나 능력 등을 개발하는 일로서, 개인개발
(ID: Individual Development), 경력개발(CD: Career Development),
조직개발(OD: Organizational Development)의 세 영역이 서로 유
기적인 관계 속에서 통합되어 활용되는 것을 의미한다. 따라서
HRD의 목적은 어떤 조직의 경쟁력 향상을 위해 개인의 업무성과
를 극대화시킬 수 있는 모종의 변화를 얻어 내는 데 있다. Gilley
& Eggland(1989)는 인적자원 개발을 위한 세 가지 활동을 다음과
같이 정의하였다.

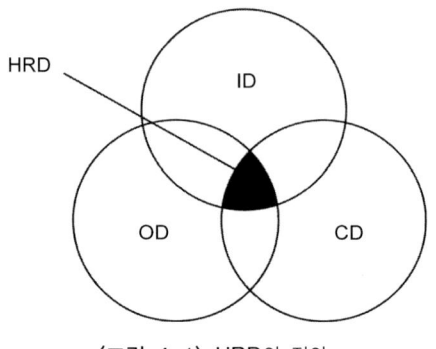

〈그림 4-1〉 HRD의 정의

　개인개발 또는 훈련개발(TD: Training Development)은 특정 업무를 수행하기 위해 조직 개개인의 지식과 기술, 능력 등을 개발하거나 향상시켜 주는 활동이다. 경력개발은 개개인의 경력개발에 따라 장기적으로 개개인의 경력에 따른 육성과 함께 체계적인 계획, 실행, 관리 활동을 일컫는다. 따라서 개인개발은 개개인의 지식이나 기술개발에 관심을 두는 반면, 경력개발은 개개인의 경력에 따른 제반적인 관리 활동을 의미한다. 한편, 조직개발은 조직 전체의 효과성 향상을 위해 여러 가지 변화에 따른 개입 수단을 활용하여 전개되는 일련의 조직 내에서 변화를 위한 노력을 뜻한다. 인적자원개발에 있어서 ID, CD, OD는 각각 개별적으로 존재하기보다는 이 세 가지 영역이 서로 유기적인 관련을 맺고, 나아가 ISD를 개인이나 조직 내에 침투시켜 조직 내의 성과를 극대화하는 데 관심을 기울여야 한다.

2. 최근의 인적자원개발

전통적인 HRD는 산업사회 속에서 대량생산 활동을 위해 개개인의 지식이나 기술, 또는 능력 향상에 초점을 두었기 때문에 행동주의와 인지주의에 기초한 훈련 중심의 교육이었다. 또한, 조직 내에서는 생산품에 대한 생산성과 효율성 증진이 목적이었기 때문에 개인개발과 경력개발이 종업원 개개인의 교육과 훈련 활동을 통한 경력활동에 관심을 두었다. 그러나 1980년대 이후의 기업교육은 총체적 품질관리(TQM: Total Quality Management)에 의한 경쟁력 우위 확보를 위해 고객의 요구에 맞는 유연한 인프라와 프로세스, 그리고 기업의 핵심역량에 초점이 맞추어졌다. 이와 함께 이비즈니스(e-business)의 등장과 함께 디지털 시대의 도래와 세계화로 인한 이러닝(e-learning)의 등장은 교육담당자의 역할을 종전의 강사나 전달자의 입장에서 상담자(consultant)나 프로젝트 리더, 평가자의 역할로 바꾸었으며, 교육방식도 일방적 전달 형태인 훈련(training)에서 학습자 중심인 학습(learning)으로 바뀌게 되었다. 따라서 기업교육에서는 학습방식의 변화에 따라 개별화 학습과 함께 조직학습의 개념이 더욱 필요해지고 있으며, 무엇보다 ISD를 바탕으로 핵심역량의 중요성이 날로 부각되고 있다.

3. 핵심역량

21세기는 지식과 아이디어를 창출해 내는 핵심역량의 시대이다. 맥킨지의 실리콘밸리를 이끌고 있는 마이클 네븐스는 21세기의 가장 희소한 값비싼 자원은 아이디어와 재능으로서, 지식과 인재가 제대로 결합하면 엄청난 부를 창출할 수 있다고 말하였다. 그는 하이테크 성공 5대 요인으로 차별화한 지적 재산, 뛰어난 인재, 글로벌시장 지향, 글로벌 스탠더드(Global standard)의 채택, 핵심역량에의 집중을 들었다. 최근에는 세계화, 지식기반 경제, 디지털 혁명 등 3가지의 주요 변화가 있으며, 지식기반 사회에서는 시간과 속도, 조직의 탄력성과 함께 기업이 찾는 것은 저렴한 노동력 대신 지식 근로자이다. 따라서 지식기반 사회에서 지식 근로자가 되기 위해서는 무엇보다 핵심역량을 지녀야 한다. 핵심역량은 자기 회사나 자신이 아니고서는 도저히 해낼 수 없는 고유하고 독자적이며 궁극적인 능력을 말한다. 이는 기업의 수행과 성과에 직접적인 영향을 끼칠 수 있는 기업 경쟁력의 원천이 되고 있다. 예를 들어, 소니의 소형화 기술과 3M의 접착 및 코팅 기술은 회사의 독자적인 핵심역량이 되고 있다. 따라서 지식 근로자가 지녀야 하는 핵심역량 개발을 위해서는 지식(Knowledge), 태도(Attitude), 기술(Skill), 습관(Habit)이 중요한데, 이는 ISD에 기초하여 수행되어야 한다.

송영수(1992)는 핵심역량 모형 개발을 위한 4단계를 다음과 같이 제시하였다. 첫째, 분석 단계에서는 인터뷰나 설문지를 통해 경영상의 요구를 이해하고 파악해야 한다. 이를 위해 경영 현장의 조직원을 교육계획 수립에 참여시켜 교육의 실시 여부를 우선 판단해야만 한다. 둘째, 설계 단계에서는 기업 내 경영 실패자와 우수자에 대한 1:1인터뷰 등을 통한 성과모델을 개발해야만 한다. 이는 기업 현장의 우수자와 학습자 간의 성과에 대한 차이를 직접 분석하여 봄으로써, 자신의 회사에 가장 적합한 성과 모델을 결정할 수 있기 때문이다. 셋째, 개발 단계는 교육과정 개발을 위한 수업설계 과정을 뜻한다. 이 단계에서는 자체 또는 외부 전문가를 통해 핵심 역량 개발 모형을 의뢰하거나 자문을 구해 자사에 가장 적합한 교육모형을 개발해야만 한다. 개발이 끝나면 개발된 교육모형을 토대로 개인이나 조직을 대상으로 교육을 실시하여야 한다. 마지막 평가단계에서는 평가모형을 설정해야만 한다. 일반적으로 평가모형은 Kirkpatrick의 4단계 모형을 적용하기도 한다. 이는 학습자에 대한 교육평가를 반응, 학습, 적용, 기여도 순으로 알아보는 것으로서 반응이란 학습자에 대한 학습의 만족도를 나타내며, 학습은 학습자가 무엇을 학습했는지를 알아보는 것이다. 적용은 학습한 내용을 자신의 업무에 활용할 수 있는 정도를 뜻하는 활용도를 가리키며, 기여도는 학습자가 학습한 내용이 기업의 성과에 미치는 영향력을 각각 의미한다. 이러한 평가 단계는 실행된 교육모형을 계속해 나갈 것인지를 결정하고 나아가 개선에 활용되거나 교육적 효과와 가치의 증명을 위한 도구로 사용될 수 있다.

핵심역량 접근 방법은 경영상의 전략을 교육 전략을 통해 해결하는 이외에도 실천 가능한 모형을 제시할 수 있다. 뿐만 아니라 성과중심의 1:1 맞춤형 접근이 가능하며, 성공과 실패 사례에 대한 분석을 통해 자사의 표준화를 통한 교육과정 개발 시간을 단축할 수 있으며, 기업 현장의 경영 관리자에게 직접적인 도움을 줄 수 있다. 따라서 핵심역량 모형은 기업뿐만 아니라 교육기관 내에서의 자체적인 개발과 함께 개발된 모형에 대한 전략적 일관성 유지가 무엇보다 필요하다.

다음 그림은 일반적인 핵심역량 모델 개발에 대한 과정을 나타낸 것이다.

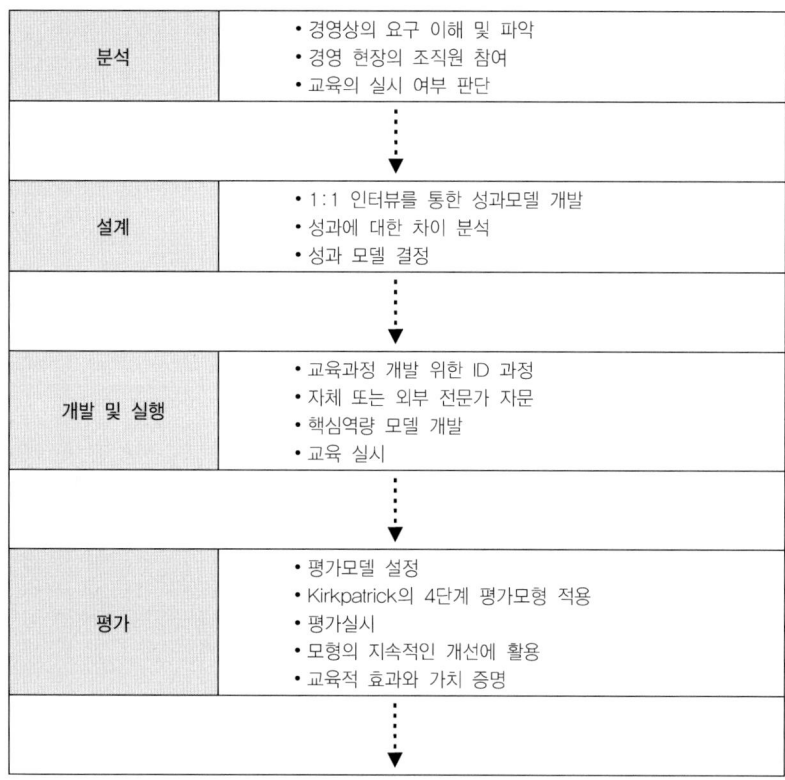

〈그림 4-2〉 핵심역량 모델개발 과정

4. 이러닝(e-learning)

현재는 디지털 시대이다. 인류 문명이 디지털 문명으로 전환되면서 HRD 또한 급격한 패러다임 변화를 가져오게 되었다. 시간과 공간, 속도는 물론이고 사회 성격의 변화로 인한 대화방식의 변화는 매체의 변화를 가져오게 되었으며, 이는 결국 학습의 변화를 가져왔다. 학습의 개념이 종래의 훈련에서 학습으로 바뀌면서 학습은 단지 결과만을 산출해 내는 것만이 아니라, 학습 자체가 변화에 대응하는 과정으로서 일터에서는 성과로 나타나게 되었다. 또한, 국제화 사회 속에서 변화와 속도에 대응하기 위해서는 교육 훈련시간을 단축하고 시간과 장소에 구애받지 않고 언제든지 작업장에서 필요한 지식을 습득할 수 있는 새로운 형태의 학습 방법이 필요하게 되었다.

(1) 이러닝(e-learning)

이러닝에 관한 개념은 일터와 학습 현장에서 활용 방법에 따라 여러 가지 의미로 사용되고 있다. 기업 내에서 학습 경험에 다른 일의 성격 변화를 경험(experience)하는 의미뿐만 아니라, 조직 내에서 학습에 필요한 여러 가지 학습 옵션의 제공을 필요로 하는 옵션 선택에 대한 확장(extended)을 뜻하기도 한다. 또한, 강의실을 벗어나 학습에 대한 기회를 제공하는 서비스 영역의 확대(expanded)를 가리키기도 한다. 이처럼 이러닝이 관심을 끄는 이유는 교수자와 학습자는 물론 동료나 이러닝 시스템과 학습자 사이에 보다 긴밀한 의사소통이 가능한 상호작용성의 지원과 함께 시간과 장소에 구애받지 않고 원하는 시간에 학습할 수 있는 접근의 용이성과 편리함 때문이다. 또한, 적절한 설계 과정을 통해 학습자의 수준과 흥미에 적합한 학습이 가능하게 되면서 학습자 주도의 학습과 개별화 학습이 가능해지고 면대면 수업에 비해 비용이 절감되는 특징이 있기 때문이다.

이러닝은 원격학습의 한 형태이며, 일과 학습 간 연결 다리를 놓는 것으로서, 지식과 성과를 향상시키는 다종다양한 해결책을 전달할 목적으로 인터넷 기술을 이용한다. 따라서 이러닝은 학습용 신기술을 소개하는 것이 아니라, 학습에 관한 새로운 사고 방법을 소개하는 것이 목적이다. 또한, 이러닝은 필요한 사람이 필요한 장소에서 필요한 내용을 필요한 시간에 얻을 수 있는 적시학습(JIT: Just-In-Time) 방식으로서, 모든 디지털 매체를 통하여 컴퓨터 기반 학습, 웹 기반 학습, 사이버 클래스 및 디지털 협동학습 등을 총괄하는 디지털 학습을 뜻한다. 따라서 이러닝은 시간과 공간을 초월한 비용절감은 물론 성과에 직결될 수 있는 학습이며, 자기 조절 학습이 가능할 뿐만 아니라, 새로운 경향에 신속히 대처하여 새로운 정보를 갱신하고 학습자 중심의 1:1 맞춤형 학습이 가능하다는 이점과 함께 학습 공동체를 구성할 수 있는 장점을 갖추고 있다.

요즘의 기업교육에서는 이러한 학습방식을 통한 이러닝 비즈니스까지 그 영역을 확대하고 있으며, 학습 및 교육 콘텐츠를 제공하는 콘텐츠 중심의 LCP(Learning Content Provider), 콘텐츠 유통 및 컨설팅과 교육관련 서비스를 중심으로 하는 LSP(Learning Service Provider), 관리 도구 및 저작도구, 플랫폼 등의 솔루션 제공을 중심으로 확장되어 가고 있다. 따라서 이러닝의 주요 이슈는 새로운 도구와 매체 등 다양한 솔루션 개발은 물론 핵심 요소로서의 콘텐츠 개발과 관리에 관심을 두고 있다. 나아가 이러닝을 위한 새로운 도구는 디지털 매체를 활용한 다양한 학습 내용의 구현과 함께 주변을 둘러싸고 있는 구성원들 간의 관계를 통한 학습형태까지 모두 포함하고 있다. 예를 들어, 조언가나 전문가와의 공동체 형성, 넷 미팅을 활용한 학습자 및 전문가와의 상호작용과 함께 가상 실험실에서의 시뮬레이션 학습, 그리고 이러한 학습을 지원하기 위한 디지털화된 콘텐츠의 개발과 확보가 무엇보다 중요한 관건이 되고 있다.

최근에는 이러닝과 관련된 용어로서 유비쿼터스 러닝(u-Learning: Ubiquitous learning)이 등장하고 있다. 이는 학습자가 언제, 어디서나, 어떤 내용이든지 정보화 기기를 사용하여 학습이 가능한 지능화된 학습 형태를 의미한다. 따라서 유러닝 환경에서는 학습자가 원하는 정보를 찾기 위해 정해진 시간에 특정 장소에 가는 것이 아니라 학습 정보가 학습자를 찾아다니는 것이다. 이는 학습자에게 획일적이거나 강제가 아닌 자신의 요구에 맞도록 보다 창의적이고 학습자 중심의 교육과정을 실현하는 데 목적을 두고 있다.

(2) 이러닝의 콘텐츠 개발

이러닝 환경에서는 적시학습 방식의 필요성으로 인해 학습 내용은 분절시키고 조직화하여 제공해야만 한다. 이를 위해 각각의 학습 단위는 항목별로 가능한 짧게 세분화하고 명료화하여 언제든지 학습할 수 있도록 RLO(Reusable-learning Object)와 RIO(Reusable Information Object) 기법으로 구성해야 한다. RLO 기법은 서론에 해당되는 개요와 본론에 해당되는 5개에서 9개의 RIO, 결론에 해당되는 요약의 3단계로 이루어져 있다. 이 과정은 학습 내용의 간소화에 목적이 있다.

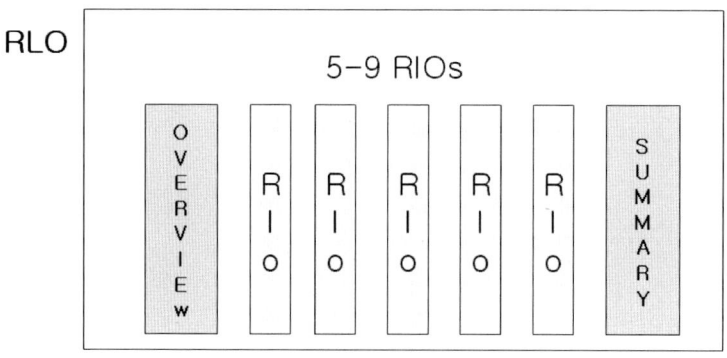

〈그림 4-3〉 RLO와 RIO 기법

개요는 6개의 항목들로 구성되어 있으며, 요약은 3개 항목으로 되어 있다. 따라서 개요 부분에서는 학습자들이 무엇을 배워야 하는지를 알려 주고 중요사항이나 수업목표와 함께 사전에 알고 있어야 하는 선수지식, 수업과정 시나리오, 수업에 대한 윤곽 등을 간단히 제시하는 것이다. 요약은 복습과 함께 차시 수업예고와 함께 관련자료 안내 등 학습자를 지원하는 기법이다.

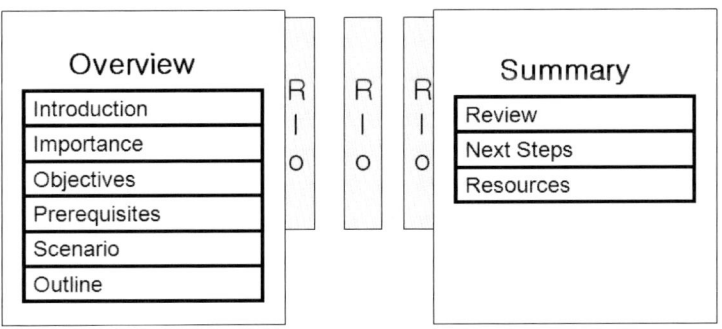

〈그림 4-4〉 RLO 기법

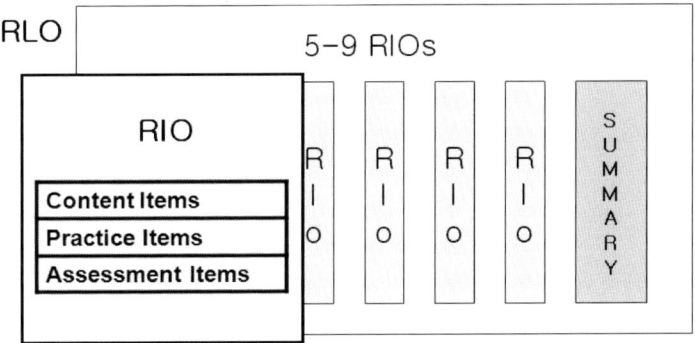

〈그림 4-5〉 RIO 기법

RIO는 학습내용과 실습, 평가의 3가지 항목들로 간단하게 구성한다.

5. 수행공학

(1) 정의

수행(performance)은 산출물을 생산해 내는 데 있어서 개인의 지식이나 기술 또는 조직의 문화나 목적, 환경과 같은 요소에 관한 것으로서 출력과 결과를 의미한다. 이러한 수행을 위해서 조직은 물론 이를 구성하고 있는 개인과 함께 일의 과정인 절차를 최적화하는 것이 필요하다. Rothwell & Kazanza(1998)는 수행에 영향을 주는 요인으로 개인적 차원과 조직 차원, 그리고 회사 차원과 과정 차원에서의 수행을 각각 제시한 바 있다. 개인적 차원에서의 수행은 직무환경, 동기부여, 지식, 스킬, 태도 및 능력, 적성 등이 있으며, 조직차원의 수행은 부서 및 팀 간의 구조, 리더십, 응집력, 역할, 규범, 위상 등이 있다. 회사 차원에서의 수행은 목적, 전략, 조직 구조 및 조직 문화 등이 있으며, 과정 차원에서의 수행은 일의 공정, 직무구조, 관리절차, 제도 및 규정 등이 필요하다.

이러한 수행은 수행공학(HPT: Human Performance Technology)과 깊은 관련을 맺고 있다. 그러한 이유는 수행공학이 중요한 인간 수행의 차이를 발견하고 분석하며 앞으로의 수행을 계획하고, 인간 수행의 차이를 줄이는 방법과 비용 효과적인 설계와 개발, 그리고 해결 방법의 실행, 재정 및 비 재정적인 평가 등의 체제적인 과정을 가리키기 때문이다. 따라서 수행공학은 행동주체인 인간의 행동에 대한 성과나 획득한 결과를 체제적, 경험적, 과학적으로 적용하는 일이며, 비용 효과적인 방법으로 개인이나 조직에 있어서의 바람직한 상태와 현재의 상태에 대한 차이를 줄이거나 없애는 것을 목적으로 한다. 또한, Stolovitch & Keeps(1992)는 수행공학이 인간의 수행에 초점을 두는 것이며(Human), 수행과 성과를 의미하고 (Performance) 이 의미 속에는 수행이나 성과의 개선을 내포하고 있다고 주장하였다. 따라서 실제로 어떤 문제를 해결하기 위해서는 과학적인 연구와 함께 실제 경험을 통해 얻어진 절차를 적용하는 일이 중요한데, 이를 위해 작업 환경에 가치 있고 경제적이며 효과적인 성취를 향상시키도록 적용(Technology)해야만 한다. 수행공학은 모든 인적자원의 해결책을 활용하여 경영 전략과 목적을 수행할 직원들의 능력에 연결시키는 실제적인 분야이다. 따라서 수행공학은 인간과 조직의 수행을 증진시키기 위해 문제를 해결하는 체제적이고 체계적인 과정이다.

(2) 수행공학의 ISD 설계모형

수행공학의 모형은 위에서 제시한 HRD 모형과 마찬가지로 ISD에 기초하여 다음과 같이 나타낼 수 있다.

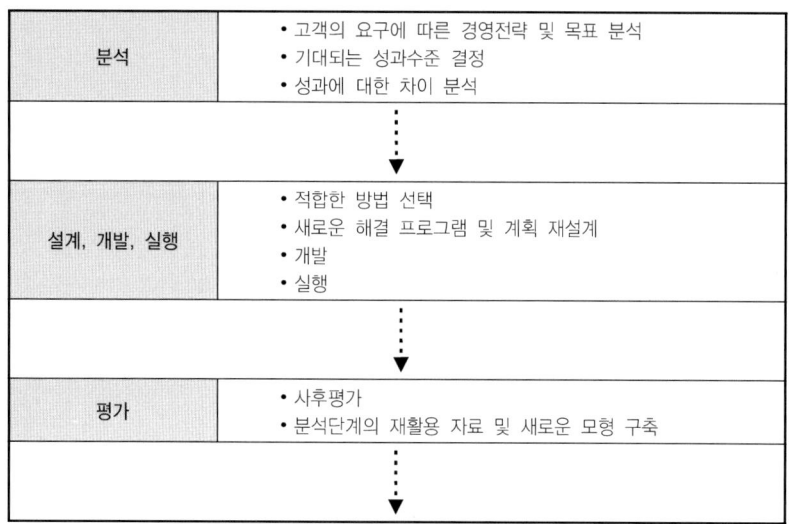

분석	• 고객의 요구에 따른 경영전략 및 목표 분석 • 기대되는 성과수준 결정 • 성과에 대한 차이 분석
설계, 개발, 실행	• 적합한 방법 선택 • 새로운 해결 프로그램 및 계획 재설계 • 개발 • 실행
평가	• 사후평가 • 분석단계의 재활용 자료 및 새로운 모형 구축

〈그림 4-6〉 수행공학의 ISD 설계모형

　　분석 단계에서는 고객의 요구에 따른 경영전략이나 목표를 분석하여 기대되는 성과 수준을 결정한다. 이는 기대되는 성과 수준과 현재 나타난 성과 수준을 비교하여 봄으로써 성과에 대한 차이를 찾아내고, 그러한 차이가 어떤 원인에 의한 것인지를 분석하기 위함이다. 예를 들어, 성과에 대한 차이가 종업원에 대한 인센티브 부족이나 데이터 또는 정보 결핍에 의한 것인지, 또는 개인별 능력이나 동기부여, 지식과 기술의 결함 때문인지, 혹은 기대수준이 너무 높아서 차이가 나타난 것인지를 분석하는 과정이다. 다음의 설계 및 개발 단계에서는 이러한 문제점에 대한 해결 방법을 선택한다. 방법론적인 해결대안으로는 인사관리의 재고, 환경 변화 추진, 직무 재설계 및 재편성, 성과 관리의 재고, 교육훈련(HRD) 등이 해당될 수 있다. 따라서 이러한 원인분석에 따른 가장 적합한 방법이 선택되고 나면 새로운 해결 프로그램이나 계획을 재설계하거나 개발한 후, 다음 단계에서 실행에 옮겨야 한다. 이때 시행되는 수행 과정은 변화하는 추세에 맞추어 단순히 이끌려 가는 일시적인 해결책이 아니라, 변화를 주도해 이끌고 가는 적극적인 시행이 요구된다. 이러한 실행 단계를 거치고 나면, 사후평가를 통해 분석 단계에서 재활용할 수 있는 자료를 이끌어 내어 또 다른 새로운 모형을 계속 구축해 나가야만 한다.

한편, ISPI(International Society for Performance Improvement)에서는 1992년 수행공학의 일반모형을 다음과 같이 다섯 단계로 제시하였다.

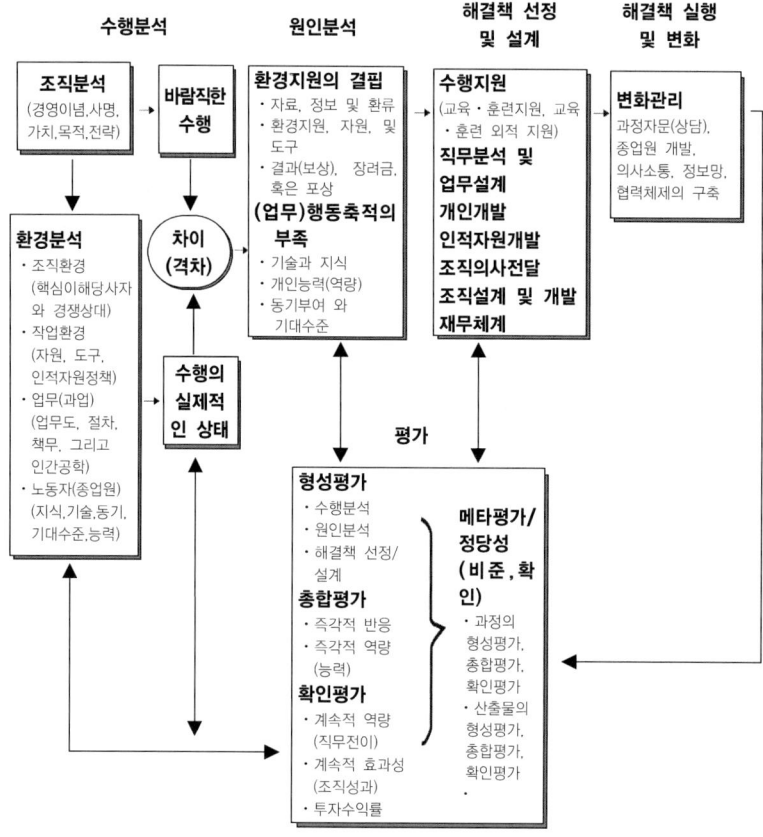

수행분석　　　　　**원인분석**　　**해결책 선정**　　**해결책 실행**
　　　　　　　　　　　　　　　및 설계　　　　**및 변화**

조직분석	바람직한	환경지원의 결핍	수행지원	변화관리
(경영이념,사명, 가치,목적,전략)	수행	·자료, 정보 및 환류 ·환경지원, 자원, 및 도구 ·결과(보상), 장려금, 혹은 포상	(교육·훈련지원, 교육 ·훈련 외적 지원)	과정자문(상담), 종업원 개발, 의사소통, 정보망, 협력체제의 구축

환경분석
· 조직환경
(핵심이해당사자
와 경쟁상대)
· 작업환경
(자원, 도구,
인적자원정책)
· 업무(과업)
(업무도, 절차,
책무, 그리고
인간공학)
· 노동자(종업원)
(지식,기술,동기,
기대수준,능력)

차이
(격차)

수행의
실제적
인 상태

**(업무)행동축적의
부족**
· 기술과 지식
· 개인능력(역량)
· 동기부여 와
기대수준

**직무분석 및
업무설계
개인개발
인적자원개발
조직의사전달
조직설계 및 개발
재무체계**

평가

형성평가
·수행분석
·원인분석
·해결책 선정/
설계
총합평가
·즉각적 반응
·즉각적 역량
(능력)
확인평가
·계속적 역량
(직무전이)
·계속적 효과성
(조직성과)
·투자수익률

메타평가/
정당성
(비준,확
인)
·과정의
형성평가,
총합평가,
확인평가
·산출물의
형성평가,
총합평가,
확인평가
·

〈그림 4-7〉 ISPI의 수행공학 모형

(3) 수행공학의 영역

Rosenberg(1996)는 수행공학의 영역을 인적자원개발(HRD: Human Resource Development), 인적자원관리(HRM: Human Resource Management), 조직개발(OD: Organizational Development), 환경공학(EE: Environment

Engineering)의 네 가지 영역으로 분류하였다. 이 가운데 인적자원 개발은 개인의 수행 개선에 관한 것이며, 인적자원 관리는 개인과 집단의 수행을 관리하고 지도하는 것 이외에 채용이나 직무 배치에 관한 것이다. 조직개발은 팀이나 집단의 수행개선에 관련되며, 환경 공학은 개선된 수행을 지원하기 위해 도구와 시설을 제공하는 일과 관련된 것으로서 조직 내에서의 환경에 관한 것을 각각 뜻한다.

HRD(인적자원개발)	OD(조직개발)
• 교육훈련 • 인센티브(incentive) • 동기유발 • 경력개발	• 팀 구축 • 조직변혁 • 문화변혁
HRM(인적자원관리)	EE(환경공학)
• 직원선발 • 감독 • 리더십	• 전자수행지원시스템(EPSS) • 직무설계 • 직무보조 • 문서화

〈그림 4-8〉 수행공학의 영역

6. HRD 담당자의 역할

인간수행공학은 ISD, HRD, HPT 가운데 가장 상위의 개념이다. 이는 인간 수행의 전반적인 것을 다루고 있으며, 개인과 팀 또는 조직 내의 성과 개선을 목표로 하고 있다. 교육은 최종 산출물이 아니라 해결 방법 선택에 있어서 하나의 해결 대안에 불과하며, 담당자의 역할 또한 성과를 분석하고 문제해결을 하며 변화를 관리하거나 평가

하는 분석가, 해결 전문가, 변화관리자의 역할을 갖고 있다. 아울러 고객은 학습 내용을 학습하거나 관리하는 학습자나 학습 관리자가 아니라, 교육 과정 담당자나 수행자로서의 역할이 요구된다. 따라서 인간수행공학은 HRD를 포함하고 있으며, HRD는 HPT의 하위개념으로서 존재한다. HRD는 교육훈련 과정중의 하위개념으로서 훈련 또는 학습의 과정을 포함하는데, 이때 ISD가 필요하다. ISD는 주로 교육을 요구하는 필요에 따른 지식이나 기술 습득이 주로 개인을 통해 이루어지기 때문에 담당자의 역할도 교수 설계자나 운영자, 또는 교육담당자에 해당된다. 이때 고객은 학습자나 학습자를 관리하는 관리자의 개념으로서 HRD의 훈련 과정이나 모형 개발에 관계가 있을 뿐 아니라, 넓은 의미로는 HPT의 모형개발과 관계가 있다. 결국, 이 세 가지의 범주는 엄밀히 따지면 구분되겠지만, 넓은 의미로서는 서로 관련성을 맺고 있음을 알 수 있다. 따라서 교육의 개념도 단순한 훈련의 개념에서 벗어나 주고받는 학습의 개념으로 바뀌어야 하며, 교육담당자의 역할 또한 수행 상담자, 리더, 촉진자, 평가자, 연구자의 개념으로 바뀌어 내용을 전달하는 강사가 아닌 컨설턴트(consultant)가 되어야 한다.

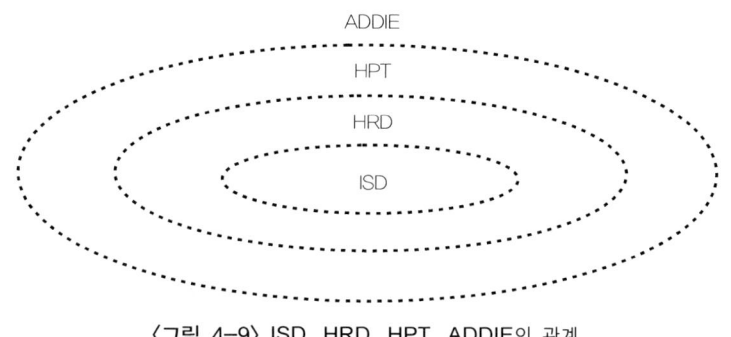

〈그림 4-9〉 ISD, HRD, HPT, ADDIE의 관계

오늘날은 변화와 속도의 시대이다. 급변하는 국제환경 속에서 급속한 기술의 발달은 일상생활의 변화와 함께 학습 방법의 변화를 끊임없이 요구하고 있기 때문에 수행 공학자의 역할 또한 변화되어야 한다. 그러나 조직 내에서 이러한 변화를 받아들이기 위해서는 다음과 같은 구성원의 특성을 알아야 한다. 처음부터 변화를 순수하게 받아들이는 혁신자가 있는가 하면, 끝까지 변화를 거부하는 후기 채택자, 그리고 이들 사이에서 집단의 여론을 선도해 나가는 중간 채택자 등 세 부류의 구성원이 존재하기 마련이다. 따라서 수행 공학자가 집단 내에서 변화를 추진하기 위해서는 다음과 같은 다섯 가지의 변화 전략 방안이 마련되어야 한다.

> 첫째, 소개하는 단계로서의 지각 단계
> 둘째, 알려주는 단계로서의 호기심 단계
> 셋째, 보여주는 단계로서의 시각화 단계
> 넷째, 훈련하는 단계로서의 학습 단계
> 다섯째, 지원하는 단계로서의 사용 단계

조직 내에서 성공적인 변화 추진자(change agent)가 되기 위해서는 사용자와 이해자간의 이해와 존경심이 필요하다. 또한, 팀을 구성한 후, 외부 사람과의 협력을 통한 지원과 함께 진행하는 프로젝트의 현실과 한계점을 빠르게 인식하고 그 안에서 조직의 구조나 변화 상황에 대한 다양한 측면을 고려하여 자신의 조직에 가장 적합한 역할을 찾아야 할 것이다.

■■■ 제5장　매체와 교수・학습방법

1. 매체의 뜻

매체(media)라는 용어는 라틴어에서 유래되었으며, '~사이(between)'를 뜻한다. 따라서 매체는 정보를 전달하는 송신자와 전달받는 수신자 사이에 이루어지는 모든 형태의 의사소통 표현방법이고 볼 수 있다. 종전에는 매체의 개념을 주로 교육활동 보조 자료로서 시청각 기자재를 지칭하는 좁은 의미였으나, 최근에는 보조자료뿐만 아니라 인적요소와 환경, 시설, 학습내용까지 포함하는 넓은 의미로 사용되고 있다. 다시 말해 매체란 단순히 하드웨어적이며 물리적인 의미로서의 TV, 비디오, 컴퓨터와 함께 소프트웨어적인 교수자와 학습내용, 학습 환경 요소들까지 포함하고 있다.

매체는 사용 목적이나 형태에 따라 교수매체(instructional media), 대중매체(mass media), 다중매체(multimedia) 등으로 구분한다. 교수매체는 수업을 목적으로 사용되는 시청각 기자재와 수업자료를 의미하며, 대중매체는 다수의 사람들에게 지식과 정보를 전달하기

위한 신문, 방송, 영화, 출판 등을 뜻한다. 다중매체는 멀티미디어라
고 불리기도 하는데, 컴퓨터와 정보통신기기를 사용하여 문자, 그림,
음성, 동영상 등을 혼합하여 사용하는 것을 뜻한다. 따라서 매체가
교수 목적으로 사용될 때 이를 교수매체, 학습용으로 사용될 때 학
습 매체라고 부른다. 그러나 어떤 매체이든지 매체의 궁극적인 목적
은 교수자와 학습자간의 효율적인 의사소통을 촉진하는 데 있다.

　학습자가 지니고 있는 오감 가운데 시각은 83%, 청각은 11%, 미
각과 촉각, 후각은 6%를 사용하여 학습한다고 한다. 또한, 학습자
는 듣기만 할 경우 20%, 보기만 할 경우 40%, 보고 듣고 만져 볼
경우 75%의 기억력을 유지한다고 한다. 이는 매체의 사용에 있어
서 학습자는 청각보다는 시각, 또는 시청각 교육과 함께 직접 경험
을 통해 학습의 효과성과 함께 기억력을 증진시킬 수 있음을 의미
한다. Hill(2000)은 효과적인 의사소통을 촉진하기 위해서는 신뢰
감(credibility), 자료(data), 느낌(feeling)의 세 가지 요소가 서로 유
기적인 관계를 가질 때 최적의 의사소통이 이루어질 수 있다고 말
하였다. 신뢰감이란 믿을 수 있는 확신이며, 자료란 의사소통을 위
한 정보, 느낌은 학습자 간의 연결을 각각 뜻한다.

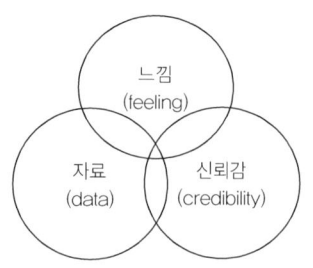

〈그림 5-1〉 효과적인 의사소통 모형

2. 교수매체

교수매체란 교수자가 교수활동을 목적으로 사용하는 매체를 가리킨다. 교수매체를 제대로 활용하기 위해서는 사전에 철저한 준비가 필요하다. 먼저, 학습자의 선수학습정도와 함께 선택한 매체가 학습자에게 적합한가를 분석한 후 적용해야만 한다. 사전 준비를 바탕으로 선택된 매체는 학습자의 흥미와 동기를 유발할 수 있는 호기심을 지녀야만 효과적이다. 그러한 이유는 아무리 훌륭한 매체일지라도 학습자의 동기를 유발하거나 지속할 수 없는 매체일 경우 일회성의 시간 낭비로 끝날 수 있기 때문이다. 따라서 교수매체를 적용할 때에는 학습자의 개인차를 고려해야 하는데, 이는 학습자의 진도와 능력에 적합한 매체를 선정하여 투여할 때 효과적인 학습이 될 수 있기 때문이다. 이러한 이유로 인해 매체를 선정할 때에는 교수자 혼자 보다는 학습자를 참여시켜 교수자와 학습자 간에 상호작용을 유발할 수 있는 매체를 선정하는 일이 중요하다. 또한, 선택된 매체는 학습자에게 만족감을 제공하여 학습자로 하여금 성공적인 성취감을 맛볼 수 있어야 하는데, 학습자의 성취감은 학습에 대한 적극적인 참여를 유도하는 중요한 전략이기 때문이다.

매체의 제작은 처음부터 완전히 새롭게 제작을 하거나 만들어진 자료를 수정하여 사용하는 경우, 또는 기존의 자료를 그대로 활용하는 경우가 있다. 처음부터 새롭게 제작하는 경우에는 교수자의 수업활용에 맞게 만들 수 있는 장점이 있는 반면, 제작시간이 오래 걸리는 단점도 있다. 또한, 기존 자료를 활용하는 경우에는 쉽고 간편하게 사용할 수 있지만 교수자의 의도에 맞지 않거나 자칫 저작권 침해를 조심해야 한다. 따라서 가장 합리적인 교수매체의 활용은 기존의 자료를 재가공하거나 수정하여 교수자의 의도에 맞는 자료를 제작하는 것이 바람직하다.

매체를 제작할 때에는 다음과 같은 점에 유의할 필요가 있다. 첫째, 학습 결과와 함께 연습할 수 있는 기회가 제공되어야 한다. 학습자에게 수시로 자기점검 과정이나 질문 기회를 통해 학습에 대한 관심을 높일 뿐 아니라, 언제든지 연습을 통해 새로 얻은 지식이나 기술을 활용할 수 있기 때문이다. 둘째, 매체를 사용한 교수 내용의 제시 순서와 속도는 간단한 사실적인 지식에서부터 시작하여 개념이나 원리, 추론 단계의 복잡하고 고차원적인 접근 방법이 바람직하다. 처음부터 너무 어려운 학습 내용의 접근은 학습자로 하여금 학습에 대한 의욕을 저하시킬 수 있기 때문이다. 따라서 학습 내용의 복잡성이나 난이도를 고려하여 작은 단계에서부터 학습해 나갈 수 있도록 학습자의 능력을 배려하여 매체를 제작해야만 한다. 셋째, 매체 제작과 활용에 있어서는 교수자의 태도가 무엇보다 중요하다. 그러한 이유는 교수자의 능숙한 매체를 다룰 수 있는 기술과 함께 매체 사용에 대한 긍정적인 신념은 학습자에게 직접적인 영향을 미치기 때문이다.

3. 교수매체의 활용

(1) 교수매체의 종류

매체의 발달은 교육 현장에서 다양한 교수매체의 활용을 가져오게 되었다. 수없이 많은 매체 가운데 비교적 널리 활용되고 있는 교수매체는 다음과 같다.

① 비투사 시각 자료

비투사 시각 자료에는 칠판, 융판, 괘도, 게시판이 있다.

〈표 5-1〉 비 투사 시각 자료

매체의 종류	특징
칠판	• 가장 오래 사용한 매체임. • 값이 싸고 원하는 내용을 언제든지 편리하게 제시할 수 있음. • 자석 칠판의 경우, 저학년 학습자의 교수활동으로 사용됨.
융판	• 복잡한 내용을 시각적으로 손쉽게 제시할 수 있음. • 적은 비용으로 직접 제작하여 사용할 수 있음. • 학습 내용에 맞게 제시되는 자료의 조절이 가능함. • 저학년 학습자에게 흥미를 유발할 수 있음.
괘도	• 칠판의 보조 자료로 사용할 수 있음. • 요점이나 개념을 조직적으로 시각화한 간편한 교재임.
게시판	• 원하는 내용을 명확하고 간결하게 시각화하여 제시할 수 있음. • 학습자의 관심과 흥미를 유발할 수 있음. • 학습용과 안내용으로 구분하여 사용할 수 있음. • 학습 내용의 전개 단계에서 요약하여 미리 제시할 때 효과적임.

② 청각 자료

청각 자료에는 오디오 테이프, 디스크, CD, 라디오 등이 있다. 이들의 특징은 반복성과 기록성, 보존성, 편집의 용이성에 있다.

〈표 5-2〉 청각 자료

매체의 종류	특징
오디오 테이프	• 녹음이나 재생, 삭제가 가능함. • 테이프의 교환과 운반이 편리함.
CD	• 콤팩트디스크(Compact Disk)로 불리기도 함. • 레이저 빔을 이용하여 홈에 저장된 신호의 검출과 재생을 통해 정보를 읽어냄. • CD 플레이어가 필요함. • 컴퓨터 CD 재생기를 이용해 재생할 수 있음.
청각자료	• 녹음과 재생 기능이 있으며, 반영구적으로 보존이 가능함. • 교재 준비가 비교적 쉬움. • 개별학습에 유용하며, 기계 조작이 간단하고 휴대하기 쉬움. • 단순학습이나 반복 연습자료의 활용에 적합함. • 시각 자료의 보조 자료로 활용될 수 있음. • 자료의 보관이 편리함.

③ 투사 시각 자료

투사 시각 자료에는 OHP, 환등기, 슬라이드, 프레젠테이션 등이 있다.

<표 5-3> 투사 시각 자료

매체의 종류	특징
OHP	• Overhead Projector의 약칭임. • 조작이 매우 간단하며, 조명을 끄지 않고도 선명한 화면을 재현할 수 있음. • 학습자와 면대면 수업이 가능하고, 수업속도나 제시 순서를 조절하거나 변경하여 사용할 수 있음. • 추상적이고 복잡한 사실을 시각적으로 쉽게 이해할 수 있음. • 자료의 비교와 전개, 순서적 제시가 가능함.
환등기 (Opaque)	• 실물 환등기라고도 부르며, Opaque projector의 약칭임. • 불투명한 자료를 화면에 투사시키는 기기임. • 사진이나 그림, 실물을 확대하여 제시할 수 있음. • 별도의 가공 없이 직접 자료를 사용하기 때문에 교재 제작 부담이 절감됨. • 실물 확대와 위치 변환, 저장이 가능함. • 실내를 어둡게 해야만 선명한 화면을 볼 수 있음. • 초점을 맞추기가 다소 어려움.
슬라이드	• 자료의 정확한 확대와 재생, 미세한 장면의 관찰이 가능함. • 암막 장치가 필요함. • 동적인 자료를 제시하기 어려움. • 영사 속도를 조절하여 피드백이 가능하고 제시 순서를 변경할 수 있음. • 자료의 제작이 쉽고 값이 저렴하고 간단하게 보급할 수 있음. • 녹음 교재와 병행하여 활용할 때 더욱 효과적임.

④ 웹 자료

웹 자료에는 플래시, 웹 페이지 등이 있으며, 워드프로세서나 파워포인트와 같은 응용 프로그램을 사용하여 프레젠테이션 자료를 제작할 수 있다.

〈표 5-4〉웹 자료

매체의 종류	특징
프레젠 테이션	• 워드프로세서나 파워포인트 등으로 제작된 자료를 가리킴. • 제작이 간편하고 인쇄가 편리함. • 미리보기 기능과 응용 프로그램이 필요함. • 다양한 멀티미디어 학습에는 다소 부적절한 면이 있음. • 좋은 디자인의 제작이 어렵고 정적인 자료임. • 쌍방 간 의사소통이 어려움.
플래시	• 뛰어난 인터페이스 기능과 다양한 애니메이션, 액션, 멀티미디어 실현이 가능함. • 업데이트가 필요하며, 다소 전문적인 고급 기술이 필요함. • 제작 기간이 오래 걸리며, 내용 수정이 어려움. • 쌍방 간 의사소통이 어려움.
웹 페이지	• 인터넷에 사용되는 HTML 언어, Java 스크립트 등을 사용함. • 저작 도구를 활용하여 비교적 쉽게 제작할 수 있음. • 대중성이 매우 뛰어나며, 멀티미디어 실현이 가능함. • 데이터베이스, 액션, 메일, 게시판, 채팅 등을 사용하여 쌍방 간 의사소통이 가능함. • 기술 습득과 제작 기간이 비교적 오래 걸림.

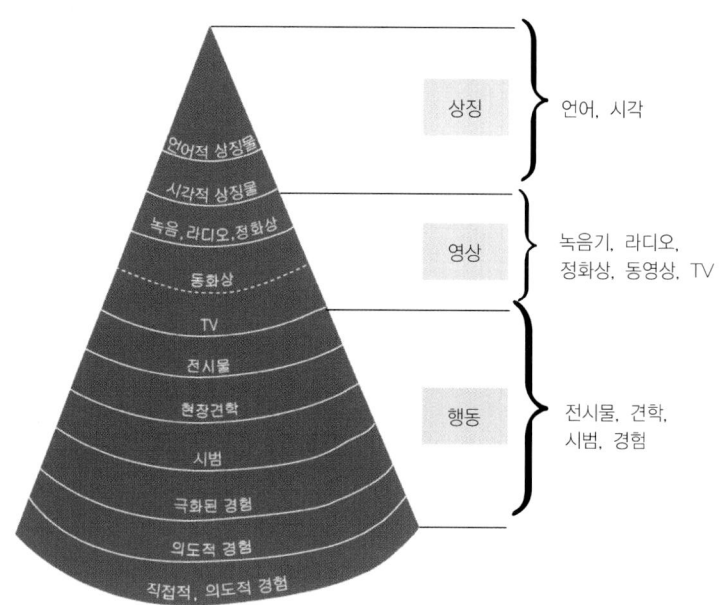

〈그림 5-2〉 데일(Dale)의 경험의 원추와 브루너(Bruner)의 표상 영역

(2) 구체에서 추상까지

데일(Dale, 1969)은 경험의 원추(The cone of experience)를 통해 교수매체의 사용을 구체성과 추상성으로 각각 분류하였다.

경험의 원추에 의하면 학습자가 어떤 학습 내용을 연극이나 견학과 같은 구체적인 경험을 통해 학습하는 경우, 학습 시간은 오래 걸리지만 새로운 학습 내용을 보다 쉽게 받아들일 수 있는 장점이 있다. 따라서 이러한 구체적인 학습 경험은 추상적인 개념의 학습을 이해하는 데 도움을 줄 수 있다. 그러나 동일한 학습 내용을 동화상이나 VTR, 또는 인쇄자료나 설명과 같은 언어적 상징물로 학습할 경우, 가장 짧은 시간에 많은 정보를 습득할 수 있으나 학습자가 사전에 필요한 배경적 지식이나 경험이 없을 경우 학습 시간은 오히려 더 걸릴 수 있는 단점이 있다.

따라서 성공적인 학습을 위해서는 학습자가 실제적이고 구체적인 경험이나 시범, 또는 현장견학을 통해 학습을 하고 난 후, 보다 추상적인 매체를 활용하여 학습하는 것이 훨씬 학습효과가 크다. 예를 들어, 집을 짓는 과정을 배운다고 하자. 이때 학습자들에게 미리 집 지을 때 필요한 건축 장비나 기계, 공구들을 먼저 관찰하거나 경험하도록 한다. 그리고 난 후, 추상적인 학습 매체인 VTR 자료 등을 사용하여 전체적인 집짓기 과정을 순서대로 보여 준다면, 학습자들은 집짓기에 대한 일반적인 개념을 훨씬 잘 이해할 수 있게 된다.

한편, 심리학자인 브루너(Bruner, 1966)는 교수활동에 있어서 교수자가 먼저 실제적인 행동적 경험을 거친 후, 사진과 같은 영상적 표상물을 본 후, 언어를 사용하는 상징적 표상으로 진행할 때 학습의 효과가 가장 크게 나타난다고 말하였다. 따라서 이러한 계열성을 바탕으로 실제 학습에 있어서는 경험을 통한 행동적 표상에서 영상적, 상징적 표상 순으로 학습 과제가 주어져야 할 것이다.

(3) ASSURE 모형

인간의 오감 가운데 실제 경험해 본 것은 90%, 소리를 내어 읽는 것은 70%, 보고 들은 것은 50%, 본 것은 30%, 듣는 것은 20%, 읽는 것은 10%의 기억 효과를 갖고 있다. 따라서 효과적인 매체의 선택과 활용을 위해서는 인간의 오감을 적절히 활용해야 할 것이다. 1996년 Heinich와 그의 동료들은 교수매체의 선택과 활용을 위한 ASSURE 모형을 고안하였다. 이는 무엇을 가르칠 것인가보다는 어떻게 가르칠 것인가에 초점을 두고 있다. 효과적인 교수매체 활용을 위한 ASSURE 모형은 다음과 같다.

학습자 분석(Analyze learners): 효과적인 수업을 위해서는 먼저 학습자를 분석해야만 한다. 이는 학습자들이 지니고 있는 다양한 특성과 함께 가르쳐야 할 교재 내용의 분석을 토대로 매체의 제시 방법을 결정해야 하기 때문이다. 따라서 학습자의 연령이나, 학력, 경제적 요인 등을 고려하여 가르쳐야 할 수업 수준을 결정하고 나아가 학습자 수준에 적합한 사례들을 선택해야 할 것이다. 또한, 새로운 학습을 시작하기 이전에 미리 학습자가 갖고 있는 지식이나 기능, 태도 등을 분석하여 학습자의 출발점 행동을 선정해야만 한다. 뿐만 아니라 이러한 물리적 특성과 함께 학습자의 습관이나 감각적인 선호도, 동기요소 등을 고려한 심리적인 특성을 고려하여 학습자가 제대로 학습 환경을 인식하고 반응하는지를 살펴보아야 한다. 이와 같은 학습자 분석을 토대로 학습자의 적성과 능력에 가장 적합한 개별 보충학습이나 심화학습 형태로 학습자 수준에 적절한 수업이 실행될 수 있다. 만약, 학습에 흥미나 관심이 없는 학습자의 경우에는 시뮬레이션 게임이나 극적인 영화나 사례 등을 통해 우선 학습 동기를 유발시켜야 한다. 만일, 배우려는 학습 내용이 새로운 경우에는 견학이나 시범, VTR 자료를 활용한 행동적 매체나 영상적 매체를 활용하는 것이 바람직하다.

수업목표 진술(State Objectives): 수업목표 진술은 교수자가 무엇을 가르쳐야 할 것인가를 명확하게 하여 교수활동의 일관성을 유지하는 전략이다. 이는 수업이 끝난 후 제대로 목표에 도달했는지를 확인하기 위한 평가 준거로서 사용될 수 있으며, 수업목표 도달에 가장 적절한 교육내용이나 교수·학습 전략, 교수·학습 매체 선정의 지침이 될 수 있다.

메이거(Mager)는 구체적인 수업목표의 진술방법으로 ABCD 요소를 제시한 바 있다. 누가 학습을 할 것인지 대상(Audience)을 분명히 하고 난 후, 학습자가 도달해야 하는 내용을 관찰 가능한 행동(Behavior) 요소로 진술해야만 한다. 또한, 수업목표 도달에 필요한 자원이나 시간 등 제약 조건(Condition)을 제시하고, 학습자가 설정한 수업목표에 어느 정도(Degree) 도달했는가를 나타낼 수 있어야만 한다.

교수방법 및 매체 및 자료의 선정(Select methods, media and materials): 수업목표가 진술되고 나면 교수방법과 교수매체, 교수 자료에 관한 선정이 필요하다. 특히, 학습자에게 학습 내용을 효과 적으로 전달하기 위한 교수방법을 위해서는 수업내용이나 수업목 표, 학습자와 교수자, 교육 이외의 다양한 조건들에 따라 각각 다르 게 처방되어야 한다. 나아가 교과목이나 지역의 특성, 학교별 특성 에 따라 가장 적합한 교수방법과 함께 매체와 자료들이 선정되어 야 한다. 교수매체의 선정은 강의나 토론과 같은 구술 설명으로 할 것인지, 혹은 시각이나 청각, 구술적 형태의 감각적 경험을 통한 사 진자료나 영화, 녹음자료, CD, 전화, 라디오 방송 가운데 어떤 자 료가 가장 적절한 매체인가를 결정하는 일이다. 교수자료의 선정에 있어서는 기존의 자료를 수정·편집하여 사용하는 것이 자료나 매 체의 제작 시간과 비용을 절감할 수 있다.

교수매체의 자료와 활용(Utilize materials): 매체를 제대로 활용 하기 위해서는 사용하려는 매체나 자료를 미리 시사회를 통해 파 일럿 테스트(Pilot test)해 보는 것이 바람직하다. 이러한 과정을 통 해 수업에 사용되는 매체나 자료가 학습자의 수준이나 수업 목표 에 적절한가를 판단할 수 있기 때문이다. 또한, 미리 매체나 자료의 제시 순서를 정해 두어 체계 있게 보여 줌으로써 학습 도중에 발생 할 수 있는 혼란을 방지할 수 있다. 이와 함께 수업이 시작되기 전 에 매체의 특성을 미리 살펴서 조명이나 환기, 온도 등 학습 환경 을 제대로 준비해 두는 것이 바람직하다. 매체나 자료를 직접 수업 에 활용하고자 할 때에는 학습자에게 학습내용과 관련된 주제나 용어를 미리 요약·설명하여 학습 동기를 유발시킨 후, 교수자료를 제시하는 것이 효과적이다.

학습자 참여 유도(Require learner participation): 학습자의 능동적인 참여를 위해서는 교수자가 제시하는 질문들이 학습자가 즉각 반응할 수 있도록 필기나 구두로 응답할 수 있어야 한다. 따라서 수업 중에는 학습자의 필기 활동을 독려하고, 학습자들이 막연하게 대답하기보다는 자신들이 경험한 것들 가운데 어떤 것들이 가장 적절한 내용인가를 스스로 선택하고 판단하여 결정할 수 있도록 유도해야만 한다.

학습에 대한 평가 및 수정(Evaluate and revise): 학습에 있어서 평가 활동은 매체를 지속적으로 활용하기 위한 출발점이다. 이는 평가 활동이 학습을 끝내는 것이 아니라 새로운 학습을 준비하기 위한 시발점이기 때문이다. 따라서 평가 활동은 수업목표의 도달 여부와 함께 교수매체와 교수방법, 교수·학습 과정에 대한 평가가 종합적으로 이루어져야만 한다.

(4) 정보화 시대의 교수매체

① 한국의 정보통신기술

정보통신기술(ICT: Information & Communication Technology)의 용어는 정보기술과 통신기술의 합성어이다. 우리나라 한국교육학술정보원(2001)에서는 넓은 의미에서 하드웨어와 소프트웨어를 이용하여 정보를 수집하여 생산, 가공, 보존, 전달, 활용하는 모든 방법을 총칭하는 것으로 정의하고 있다. 따라서 ICT는 ① 정보 취급

을 위한 하드웨어와 소프트웨어, 통신 등의 도구로서의 역할, ②
도구를 활용하는 기술이나 기법의 역할, ③ 도구 활용 기술을 이용
한 정보의 수집과 분석, 처리 등 정보의 활용방법에 관한 역할을
갖는다. 또한, ICT를 활용한 교수·학습 활동을 위해서는 다음과
같은 여덟 가지가 필요하다.

① 정보 탐색	② 정보 분석
③ 정보 안내	④ 웹 토론
⑤ 협력 연구	⑥ 전문가 교류
⑦ 웹 펜팔	⑧ 정보 만들기

이를 위해 학교 현장에서는 ICT 교육을 소양 교육과 활용 교육
으로 나누고, 이들 간의 연계를 통해 효과적으로 교육목표를 달성
하도록 지원하고 있다. ICT 소양 교육은 컴퓨터 관련 교과를 통해
학습자들이 컴퓨터와 각종 정보기기, 멀티미디어 매체, 각종 응용
프로그램을 다룰 수 있는 기본적인 소양을 기르는 교육이다. 반면,
ICT 활용 교육은 기본적인 정보 소양 능력을 바탕으로 학습이나
일상생활의 문제 해결을 위해 ICT 기술을 적극적으로 활용할 수
있도록 교육용 CD-ROM을 이용하여 수업을 하거나 인터넷 등을
통해 웹 자료를 활용하는 교수·학습 형태를 뜻한다.

② 정보통신 기술의 활용과 실제

정보화 시대에 있어서 정보통신 기술의 활용은 필수적이다. 특
히, 학교 현장에서 사용해야 하는 교육용 교수·학습 자료의 제작

은 다음과 같은 점을 고려하여 제작해야만 한다. 우선 교수·학습 자료의 제작을 위해서는 구상하기와 자료 수집, 자료 제작의 3단계를 거쳐야 한다. 구상단계가 필요한 이유는 스토리보드에 제작할 화면을 미리 구상하여 봄으로써 자료 제작시간을 단축시킬 수 있기 때문이다. 또한, 자료의 수집은 기존의 자료를 수정하거나 편집하여 가공하는 것이 효율적이다. 이는 자료의 제작 시간을 단축할 수 있을 뿐 아니라, 인터넷에 탑재된 수많은 자료들을 활용할 경우 원하는 자료를 손쉽게 제작할 수 있기 때문이다. 화면을 설계할 때에는 단순성과 일관성, 명확성, 심미성을 고려하고, 화면의 여백과 함께 적절한 시간 통제를 통해 학습자의 부담을 최소화해야 한다.

단순성: 단순성이란 화면 설계를 할 때 불필요한 내용을 제거하여 반드시 필요한 내용만을 제시하는 것이다. 이를 위해 과다한 그림이나 애니메이션, 음향, 색상, 불필요한 화면의 움직임은 피해야 한다. 또한, 화면에 제시되는 내용은 단순하게 구성하되 반드시 필요한 정보만 제시하도록 한다.

일관성: 화면에 제시되는 메뉴의 위치나 버튼 표시, 용어의 사용 등은 일관성을 유지해야만 사용자들의 혼란을 방지할 수 있다. 예를 들어, 화면에 메뉴를 여러 개 사용할 때에도 메뉴의 형태나 위치가 모든 화면에서 일관되게 구성되어야 한다. 또한, 화면을 전개할 때에는 왼쪽 상단에서 시작하여 왼쪽에서 오른쪽으로, 위에서 아래로 전개되는 것이 좋은데, 이는 눈의 움직임과 같은 방향이기 때문이다. 명령어나 메뉴, 창 등은 항상 일정한 위치에 제시하고, 표제와 창 등의 표현 방식도 화면마다 일치되어야 한다. 화면의 시

각적 형태나 전체적인 절차는 일관되게 배치하고, 여백이나 아웃라인, 명암 등을 이용하여 비슷한 성격을 지닌 정보들은 그룹으로 제시한다. 이는 작은 단위의 제시 방법은 학습자의 이해 과정을 도와주어 전체 화면에 대한 이해도를 한층 높일 수 있기 때문이다. 뿐만 아니라 학습자 반응이나 피드백, 헤딩, 항해 장치 등 여러 요소들의 위치를 일관성 있게 제시하고, 색상의 사용이나 그래픽, 스타일, 글자체, 여백의 사용도 일관성을 유지해야만 한다.

명확성: 명확성이란 표현되는 문장이나 사용되는 예제가 분명하고 정확하게 제시되는 것을 말한다. 예를 들어, 설계자가 의도하는 바를 학습자가 명확하게 알 수 있도록 한다든지, 학습자가 알아야 하는 내용을 명확하게 제시하는 것이다. 이때, 가능한 부정적인 진술은 피하고 문어체 보다는 구어체의 어휘를 사용하면 학습자에게 친근감을 줄 수 있다. 특수 용어나 지나친 전문 용어, 성차별, 민족 차이 등의 어휘는 사용하지 않거나 피하는 것이 좋다. 아이디어는 간결하게 제시하고, 글자 크기나 모양의 변경, 밑줄, 역상, 플래시, 이탤릭체의 사용, 색상, 소리, 애니메이션 등의 기능을 이용하여 주요 정보에 대한 주의 집중을 할 수 있도록 한다. 가능하면 학습자에게 친숙한 예제를 많이 제공하고, 화면의 정보는 다른 참고 자료를 사용하지 않더라도 그 자체만으로 직접 사용이 가능하도록 설계해야만 한다.

심미성: 심미성은 색상의 화려함 보다는 화면의 균형성과 보색 관계를 고려한 화면 구성을 뜻한다. 이를 위해 교수·학습 자료 제작의 경우, 교육적인 면을 우선 고려하되 지루함을 줄이기 위한 심미적인 측면도 함께 고려해야만 한다. 또한, 화면이 전체적으로 균형을 이루도록 모든 요소들을 적절하게 배치하고, 어떤 요소가 화면의 어

느 한쪽으로 치우치거나 몰리지 않도록 안정감 있게 배치한다. 비교적 중요한 정보와 그에 비해 가벼운 내용의 정보들을 적절히 배치하여 전체적인 균형을 유지하고, 하나의 과제에 사용되는 정보는 분산시키지 말고 한 개의 화면에 제시하는 것이 바람직하다. 화면에 얼마나 많은 정보를 제시할 것인가의 기준은 내용의 특성과 난이도, 화면의 구성 방법에 따라 다를 수 있다. 또한, 제시되는 내용이 너무 길어 한 화면에 표현이 어려울 때에는 스크롤이나 창, 부분적인 화면 삭제 등을 사용하고, 머리글이나 차림표, 칸 띄우기 등을 사용하여 시각적인 정보를 주는 것이 바람직하다. 한 화면에 텍스트가 복잡하게 구성될 때에는 선과 박스를 사용하여 화면을 적절하고 조화롭게 분할하여 화면이 조직적이고 깨끗하게 보이도록 한다.

여백 고려: 화면 전체에서 비어 있는 부분은 특별히 고려하고, 전체적인 구도가 조화를 이루도록 여백을 적절히 처리해야만 한다.

적절한 시간 통제: 화면을 제시할 때에는 그 자체로 시간을 통제할 수 있는 속성이 있지만, 만약 적절한 시간을 제시할 수 없다면 파워포인트 경우처럼 학습자가 시간을 통제할 수 있는 기능을 두어 설계한다. 또한, 텍스트와 그래픽, 음악 등을 동시에 제시할 때에는 프로그램의 특성과 학습자 수준을 고려하여 시간의 통제 정도를 결정하는 것이 좋으며, 학습자 입장에서 내용을 출력할 때의 지연 시간도 함께 생각해 두어야만 한다.

불필요한 부담의 최소화: 학습자가 학습 내용에만 집중할 수 있도록 프로그램 내에서의 이동이나 작동에 관련된 기능적인 부분에 대해서는 최소한의 메모리 저장 용량을 확보한다. 학습자가 간단히 작동할 수 있는 형태의 메뉴와 아이콘, 버튼 기능의 제공과 함께 학습자에게 명령어 입력이나 기억 과정 없이 스스로 사용 시간을 선택할 수 있는 옵션 기능도 함께 제공하는 것이 좋다.

4. 매체와 커뮤니케이션 이론

커뮤니케이션(communication)은 라틴어의 'communicare'에서 유래되었다. 이는 '공유한다'는 뜻을 지니고 있으며, 다른 사람과 정보나 자료를 함께 공유하는 의도적 행위를 가리킨다. 따라서 가르치고 배우는 교수·학습 과정에서는 학습자와 교수자, 교과과정의 세 가지 요소가 효과적인 의사소통을 이루어야 한다. 이는 상호 커뮤니케이션의 과정이 곧 학습의 과정으로 이어져 학습의 효과로 나타나기 때문이다. 그러나 모든 커뮤니케이션이 매체가 필요한 것은 아니며, 매체로 인해 커뮤니케이션이 촉진되지는 않는다. 다만, 매체는 커뮤니케이션을 지원하는 하나의 수단일 뿐이다.

(1) 커뮤니케이션 방법

효과적인 의사소통을 위한 커뮤니케이션은 언어를 사용하는 언어 커뮤니케이션과 손짓이나 몸짓, 표정 등 시각을 이용하는 비언어 커뮤니케이션이 있다. 또한, 인적 구성에 따라 대인(對人) 커뮤니케이션, 소규모 커뮤니케이션, 조직 커뮤니케이션, 매스 커뮤니케이션 등으로 각각 분류할 수 있다. 대인 커뮤니케이션은 사람끼리 서로 마주 보면서 의사소통을 통해 정보를 교환하는 방법이며, 소규모 커뮤니케이션은 모둠별 의사소통과 같이 여러 사람이 소규모로 정보를 교환하는 방법이다. 이처럼 조직 내에서 대인 혹은 소규모로 이루어지는 의사소통 방법을 조직 커뮤니케이션이라고 부르며, 대중 매체를 활용하는 것을 매스 커뮤니케이션이라고 한다.

(2) 커뮤니케이션 모형

커뮤니케이션 모형에는 Lasswell 공식, Shannon과 Weaver 모형, Berlo의 SMCR 모형, Post-Internet 시대의 모형 등 여러 가지가 있다. Lasswell 공식에서는 커뮤니케이션 연구 영역을 통제 분석, 내용 분석, 매체 분석, 수용자 분석, 효과 분석 등 다섯 가지로 나누고 있다. 통제 분석은 누가, 내용 분석은 무엇을, 매체 분석은 어떤 채널을 통해서, 수용자 분석은 누구에게 말함으로써, 효과 분석은 어떤 효과인가를 각각 뜻한다. Shannon과 Weaver 모형은 송신자와 수신자 사이에 본래 신호 이외의 변형된 신호인 잡음 요소를 포함한 매스 커뮤니케이션 모형이다. 여기서 잡음이란 본래 전달하고자 하는 정보 이외에 여러 가지 환경 요인에 의해 발생하는 다양한 정보들을 뜻한다. 한편, Berlo는 1960년 SMCR 모형을 제안하였다. SMCR은 송신자(Source), 메시지(Message), 채널(Channel), 수신자(Receiver)를 각각 뜻하는데, 커뮤니케이션의 송신자로부터 메시지가 다양한 채널을 통해 수신자에게 전달되는 과정을 설명한 것이다. 여기서 채널이란 인간의 다섯 가지 감각이나 TV, 라디오, 신문, 책, 컴퓨터 등을 가리킨다. SMCR 모형은 수신자에게 전달된 정보가 원래의 송신자에게 되먹임(feedback)되지 못하는 단점을 갖고 있는데, 이처럼 고정된 수신자 환경의 제약은 송신자와 수신자의 역할을 변경하여 극복할 수 있다. 최근에는 인터넷의 등장으로 인해 대다수가 다양한 대중 매체를 이용하여 쌍방향 의사소통이 가능함으로써, 송신자와 수신자의 역할을 서로 바꾸어 활발하게 의사소통이 이루어지고 있다. 따라서 새로운 시대의 커뮤니케이션 표현은 단순히 메시지를 전달하는 방식에서 벗어나 메시지의 내용과 의미를 부여하고, 나아가 문화와 환경을 고려한 다양한 접근 방식이 필요해지고 있다.

〈표 5-5〉 매체의 메시지 전달 방법

매체의 종류	커뮤니케이션 방법	상호작용	상호작용 효과
녹음기, 라디오, TV	의사소통	일방향	전달
양방향 TV, 양방향 비디오	상호작용	양방향	교류
컴퓨터, 인터넷	연결성	다방향	전달, 교류

5. 교수 · 학습 방법

교수 · 학습 방법에는 강의형과 개인 교수형, 실험형, 토론형, 자율 학습형 등 다양하다. 이들을 간단히 요약하여 정리하면 다음과 같다.

(1) 강의형

〈표 5-6〉 강의형 교육 방법

교육 방법	정의	장점	단점	기타
강의법 (lecture)	• 가장 보편화된 방식임. • 강의 내용을 서술, 기술, 설화 등의 방법을 통해 정보를 제시함.	• 짧은 시간에 다수의 학습자에게 학습내용을 전달할 수 있어 효과적임. • 이해가 어려운 사실을 쉽게 전달함. • 학습자의 수업 태도에 따라 강의 진행이 가능함.	• 교수자 중심의 일방적인 학습이 되기 쉬움. • 학습자가 학습 내용에 대한 비판과 이해가 부족함. • 교수자의 영향을 많이 받음. • 다양한 학습 욕구의 충족이 어려움.	• 새로운 단원을 도입할 때 사용하면 좋음. • 시각자료, OHP, 슬라이드를 제시하면 더욱 효과적임.
질문법 (questioning)	• 교수자와 학습자 간의 상호작용이 활발함. • 학습자의 탐구심과 추상적 사고, 비판적인 태도 증진에 유용함.	• 동기유발과 의사소통을 통한 적극적인 학습활동이 이루어짐. • 학습자 스스로 문제 해결책과 기회를 제공하여 학습자 주체의 학습이 될 수 있음.	• 대집단의 경우 사용의 한계가 있음. • 많은 시간이 요구됨. • 교수자와 학습자의 개별적 특성에 영향을 미침.	개념이나 원리에 대한 비교, 가치판단, 배판, 설명, 선택 등에 대한 논술에 사용함.
시범 (demonstration)	관찰과 모방을 통해 새로운 기능을 학습하기 위한 방법임.	• 분명한 학습 과정의 이해와 인식이 가능함. • 직접 시연함으로써 실험기회를 제공함 • 폭넓은 학습 경험을 제공함.	• 장비와 시설 사용의 제한이 있음. • 추상적인 학습은 어려움. • 교수자의 정확한 시범이 필요함.	새로운 과정이나 신제품을 소개한 후 사용법 학습에 좋음.
면담학습 (interview)	• 정해진 주제를 면담자의 질문에 대해 몇 명의 전문가가 응답하는 방식임. • 학습자를 대변하여 면담자가 질문함.	• 이해하지 못하는 부분을 전문가가 명확하게 전달함. • 면담 준비 과정이 간편함. • 주제에 대한 학습자의 동기유발이 유용함.	• 상세한 정보 제시에는 한계가 있음. • 전문가의 설명이 장황해질 수 있음. • 면담자의 역할이 교육적 효과를 결정함.	—
동료학습 (peer teaching)	동료 학습자가 교수자의 역할을 하면서 다른 동료를 학습하는 방식	• 학습의 문제점 파악이 용이함. • 소단위나 개별적 학습단위이므로 학습자의 참여를 높일 수 있음.	잘못된 학습 내용과 개념이 전달될 수 있음.	동료집단 간의 능력수준이나 경험의 차이가 클 때 효과적임.

(2) 개인 교수형

〈표 5-7〉 개인 교수형 교육 방법

교육 방법	정의	장점	단점	기타
프로그램학습 (programmed instruction)	개인별 학습의 차이를 극복하기 위한 교수기계임.	• 개인별 능력에 따른 학습이 가능함. • 단기간의 성과가 가능함. • 교수자의 시간을 절약할 수 있음.	• 프로그램 작성에 많은 비용과 노력이 필요함. • 학습자의 사회적 사고 과정이 부족함. • 학습 내용 간의 유기성이 부족함.	학습 부진아 등의 특별지도나 흥미 및 동기유발 등 개인별 학습에 적합함.
OJT (On the Job Training)	학습자를 실무에 배치하여 실제 경험을 통해 현실성을 높이는 방법임.	• 실제적인 훈련임. • 동기유발과 협동심을 키울 수 있음. • 적은 비용과 능력별 훈련이 가능함.	• 다수의 학습자를 훈련하기가 어려움. • 전문적인 지식이나 기술 습득이 어려움. • 학습자의 과제와 훈련이 소홀해질 수 있음.	-
코칭 (coaching)	능력이나 경험이 있는 관리자를 훈련하는 기법임.	• 밀도가 높은 상호작용이 가능함. • 학습 방법이 실제적임.	경험이나 능력에 따라 훈련의 성공 여부가 결정됨.	• 실제적인 관리자 훈련 기법임. • 지시나 충고, 비평, 제안 등을 통해 실시함.
인턴십 (internship)	졸업 이전에 학습자가 일시적으로 근무하면서 체험하는 방법임.	• 현장 체험을 통해 직무 습득 기회를 제공함. • 실제적인 지식을 습득할 수 있음.	기관에 따라 교육적 효과가 다를 수 있음.	체험을 통한 경영학적 기법임.
도제제도 (apprenticeship)	전문가의 모든 행동과 사고를 모방하고 관찰하면서 지식이나 기능, 태도를 익히는 방법임.	• 새로운 기술을 익히는 데 적합함. • 전문가의 도움을 직접 받으면서 수행함.	• 학습 속도가 느림. • 개념 습득에 있어서 매우 한정적임.	계속되는 행동 관찰과 지도가 필요하며, 코칭 및 시범도 해당됨.

(3) 실험형

<표 5-8> 실험형 교육 방법

교육 방법	정의	장점	단점	기타
서류함 기법 (In-basket method)	바구니에 넣어 둔 업무관련 지시 용지를 학습자가 정해진 시간 내에 꺼내서 답을 하거나 필요한 행동을 하게 하는 기법임.	현실적인 문제에 대해 학습할 수 있으며, 학습자의 적극적인 참여를 유도할 수 있음.	비용이 많이 소요됨.	• 경영 실기 기법이라고도 함. • 업무처리 진행 과정을 통해 학습자를 평가하는 방법임.
감수성 훈련 (sensitivity training)	• 학습자가 행함을 통해 배우게 하는 방법임. • 특정 주제가 아니라 자유로운 감정을 표현하고 대화하는 방식임.	학습자들의 주체성 경험을 통한 학습이 될 수 있음.	• 교수자가 학습자의 자유로운 토론에 영향을 미칠 수 있음. • 상대방에 대한 평가가 부정적이고 직선적일 수 있음.	–
모의실험 (simulation)	실제 현실 상황을 축소시켜 필수 요소만을 교육적으로 재현하는 방법임.	• 위험 부담과 비용, 실패에 대한 두려움을 최소화할 수 있음. • 학습자들의 협동학습이 가능함. • 집단별 또는 개별적 교육이 가능함. • 학습자의 호기심과 동기유발, 피드백이 가능함.	• 흥미 위주로만 진행될 수 있음. • 학습 설계와 수행에 노력과 시간이 필요함. • 비용이 많이 들고 평가의 어려움이 있음.	선별적 재현이 가능하기 때문에 모델(model)이라고도 함.
게임 (game)	게임의 속성을 이용하여 학습의 목적을 달성함.	• 동료 간 상호 학습이 가능함. • 학습자의 동기유발과 적극적인 참여가 가능함.	• 학습목표를 상실할 가능성이 있음. • 진행 시간이 오래 걸림.	–
사례연구 (case study)	어떤 문제에 대한 여러 사례들을 수집하고 비교, 분석하여 학습자들이 해결책을 찾도록 도와줌.	• 실제 상황에서 응용이 가능함. • 참여도와 문제 분석력, 해결을 위한 기술력이 증진됨.	• 관련성이 적은 사례는 흥미를 감소시킴. • 복잡한 내용일 경우에는 학습자가 포기할 가능성이 있음.	산업체와 사업체, 정부기관 등에서 통솔력과 운영능력 발달을 위해 주로 사용됨

실험 (lab experience)	어떤 현상이나 사실의 문제를 파악하여 문제를 해결하고 실험을 통해 결론을 찾아내 개념과 원리를 정착시키는 방법임.	• 특정 기능의 습득이나 개발에 효과적임. • 이론 학습의 단점을 보완할 수 있음. • 경험을 습득할 수 있는 기회를 제공함.	• 자료와 기기 사용에 주의를 해야 함. • 학습 분위기가 산만해질 수 있음.	−
현장견학 (field trip)	한 집단이 직접적인 관찰과 연구를 위해 대상을 방문하는 것을 말함.	• 구체적이고 현실적으로 관찰할 수 있는 경험을 제공함. • 이해와 관찰이 필요한 학습의 경우에 효과적임.	• 시간과 학습자에 따라서 대상이 제한될 수 있음. • 사고의 위험성이 생길 수 있음.	−
현장실습 (industrial educational cooperation)	학교 교육의 한계성을 극복하기 위해 작업 현장에서 경험을 얻도록 계획된 프로그램임.	• 이론과 실제를 체험할 수 있음. • 학습자 스스로 적성과 흥미를 파악할 수 있음. • 학교의 실험 및 실습 비용이 절감됨.	• 현장실습 장소의 선정에 어려움이 있음. • 현장에서 이루어지는 실습 내용에 문제가 생길 수 있음.	산학 협동교육임.
연습 (drill)	단순한 기능을 익히고 숙달시키기 위하여 사용함.	학습된 내용의 사실이나 정보에 즉각 반응함.	• 단순 작업의 반복으로 흥미가 저하될 수 있음. • 단순한 암기의 경우, 실제 상황에서 적용하기가 어려움.	운동기능이나 인지적 영역, 정서적 영역에 효과적임.
역할극 (role playing)	타인의 역할을 연기를 통해 자신과 타인을 이해하도록 극화된 놀이 방법임.	• 현실감 있는 학습 방법임. • 학습자 자신에게 객관화와 성찰기회를 제공함. • 타인의 배려로 긍정적인 인간관계를 기를 수 있음.	• 사전 준비에 많은 시간이 필요함. • 교육 효과의 정확한 예측과 평가에 대한 어려움이 있음.	대인관계와 타인 행동, 감정이해의 학습에 필요함.

(4) 토론형

〈표 5-9〉 토론형 교육 방법

교육 방법	정의	장점	단점	기타
원탁토의 (round table discussion)	10명 인원이 둘러앉아 정보를 상호 교환하며 의견 차이를 조정하는 방법임.	• 학습자가 활발하게 발표할 수 있음. • 책임을 공유하는 민주적인 토론 기법임.	• 구성원의 수준 차이에 따라 실패의 가능성이 있음. • 특정인에게 발언이 편중될 수 있음. • 시간이 많이 필요함.	–
배심토의 (panel discussion)	4~6명의 토론 전문가가 사회자의 진행으로 청중 앞에서 자유 토의하는 방법임.	• 청중과 발표자 간에 의견 교환이 가능함. • 토의를 통해 많은 문제가 논의될 수 있음.	• 비공식적인 대화중심으로 진행될 경우 논리성과 체계선이 떨어질 수 있음. • 의견 발표시간의 통제가 어려움. • 발표자의 능력에 의해 좌우됨.	• 형식적 결론을 이끌어 내는 것이 목적이 아님. • 주제에 대해 사전에 충분한 준비와 자유로운 의사를 표현하는 학습자가 많을 경우에 효과적임.
심포지엄 (symposium)	서로 다른 의견을 가진 대표자가 다른 입장에서 강연을 하고 나서 참가자가 질문을 하거나 의견을 진술하는 방식임.	• 다양한 지식과 경험을 제시할 수 있음. • 다수의 학습자가 참여할 수 있음.	• 한 가지 주제만 다룰 수 있는 한계성이 있음. • 발표자의 철저한 사전준비가 필요함.	배심토의와 비슷하지만 심포지엄이 좀 더 형식적임.
공개토의 (forum)	어떤 주제에 관해 새로운 사고방식과 정보를 여러 가지 형태로 제공하고 참가자에게 질의 응답하는 방식임.	청중의 직접적인 참여를 중요시함.	• 청중의 참여 자세와 사회자의 질의응답이 제한적일 수 있음. • 연설자의 논리적인 의견 발표가 제한될 수 있음.	한계점을 극복하기 위해 버즈 학습(buzz session)을 병행하기도 함.
대화식 토의	6~8명이 어떤 주제에 대해 전문가를 초청하거나 현장을 방문하여 주제에 대해 질의응답하는 형식임.	• 학습자와 전문가 집단들로 구성됨. • 일반 청중이 토의 과정에 참여할 수 있음.	일반 청중의 참여에 한계가 있음.	–

세미나 (seminar)	특정 주제에 관해 권위 있는 전문가나 연구자들로 구성된 공개 토론 형태임.	전 구성원끼리 적극적이고 능동적인 참여가 가능함.	전문 지식이 없는 일반인은 세미나 내용의 이해가 어려울 수 있음.	특정 주제에 대한 전문적인 연수나 훈련기회를 제공함.
버즈훈련 학습방법 (buzz session method)	시간제약 등으로 일부 참여자가 발언할 수 없을 때, 소집단을 편성하여 발언기회를 제공하는 방법임.	다수의 사람을 소집단에 참여시킬 수 있음.	• 복잡한 토의는 어려움이 있음. • 토의 주제가 제한적임.	강의나 배심토의 기법과 병행하면 효과적임.
브레인스토밍 (brainstorming)	특정 주제나 문제점에 대해 자기 의견이나 아이디어를 자유롭게 제시하는 방법임.	• 다양한 아이디어와 대안을 제공함. • 손쉽게 수행 가능하며, 거의 모든 경우 적용할 수 있음.	• 소극적인 참여자가 발생함. • 리더에 따라 성패가 좌우됨.	–

(5) 자율학습형

〈표 5-10〉 자율학습형 교육 방법

교육 방법	정의	장점	단점	기타
독학	타인의 도움을 받지 않고 독자적이고 개인적으로 학습하는 것을 의미함.	• 학습자 스스로 학습 속도 조절이 가능함. • 학습 환경의 영향을 적게 받음.	• 학습자와 교수자 간의 상호 작용에 제한이 있음. • 학습 동기의 제한이 있음.	교육 내용과 학습자만으로 이루어지는 학습 방식임.
문제해결 학습법 (problem solving method)	학습자가 문제해결 과정을 통해 학습하는 방법임.	다양한 상황에 대처하는 능력이 향상됨.	학습자의 태도가 적극적이어야 함.	학습자의 문제 해결 능력이 향상됨.
스스로 학습법	구조적으로 만든 질문지를 통해 학습자가 스스로 학습하는 방식임.	• 학습자 참여가 증진됨. • 현실성이 증가됨. • 자기 주도적 발견학습이 가능함.	학습자의 무성의한 응답이 나올 수 있음.	–
구안법 (project method)	어떤 목적을 가진 경험을 통해 동기를 부여하는 목적 활동 학습법임.	• 학습자가 스스로 활동하기 때문에 동기가 정확함. • 학습자의 창의성이 발휘됨.	• 학습 부진아는 다소 어려운 방식임. • 개인 능력에 따라 성패가 결정됨. • 무질서한 학습이 되기 쉬움.	–

6. 교수·학습 유형

교수·학습 유형에는 여러 가지가 있으나, 가장 널리 사용되는 용어를 중심으로 소개하고자 한다.

(1) 유의미 학습

오수벨(Ausubel)은 교수자의 언어가 중심이 되는 유의미 학습을 주장하였다. 이는 교수자 중심의 수업 형태로서 학습자의 흥미와 의욕, 능력, 선행학습 수준을 고려한 학습제시 방법이다. 유의미 학습의 목적은 주입식 수업과 달리, 학습자가 이미 알고 있는 지식을 새로 배울 내용과 연결하기 위해 교수자가 수업의 도입 단계에서 포괄적인 수준의 선행 조직자를 제시한 후, 점진적으로 수업을 전개해 나가는 데 있다. 이러한 유의미 학습이 이루어지기 위해서는 다음과 같은 학습 조건과 원리를 토대로 교수설계가 이루어져야만 한다.

학습의 실사성과 구속성: 학습 과제가 논리적 의미를 갖추기 위해서는 실사성과 구속성이 있어야 한다. 실사성이란 어떤 명제를 어떻게 표현하더라도 그 명제의 의미가 변하지 않는 것을 말한다. 구속성이란 일단 임의적으로 맺어진 관계가 결정된 이후에는 임의적으로 변경될 수 없는 성질을 의미한다.

선행 조직자: 논리적으로 유의미한 학습과제가 학습자의 인지구

조와 관계를 맺을 수 있도록 근거를 제공하는 것을 뜻한다.

유의미한 학습의 준비: 학습과제를 인지구조에 실제적이고 구속적으로 관련시키고자 하는 학습자의 성향을 의미한다.

점진적 분화의 원리: 일반적이고 포괄적인 지식을 먼저 제시한 후, 점차 세부적이고 특수한 사례로 분화되고 진행되는 것을 말한다.

통합적 조정의 원리: 새로 제시되는 개념이 이미 학습한 개념과 의도적으로 조화되고 통합되어 긴밀한 관련성을 맺도록 조직하는 것을 뜻한다.

선행학습의 요약: 교과 내용이 계열적으로 조직하여 분명하게 제시할 경우 다음 학습에 도움을 주지만 그렇지 못할 경우 오히려 후속 학습을 방해하는 것을 뜻한다.

체계적 조직의 원리: 학습 내용이 체계적으로 조직되어 있으면 학습의 효과를 높일 수 있다.

학습 준비도의 원리: 학습 준비도는 학습자의 인지구조와 함께 발달 수준을 의미한다. 따라서 학습자의 선행 경험은 개인의 인지구조와 인지능력 형성에 영향을 줄 뿐 아니라 계속적이며 발달적인 성격을 갖는다.

(2) 협동학습

협동 학습은 다른 학습자와의 학습 경험을 통해 다른 사람을 배려하고 문제 해결과 의사결정 능력을 길러 준다. 또한, 사회적 상호작용을 통해 긍정적 자아 개념과 소속감을 갖게 하지만, 학습 도중에 무임승차나 봉 효과가 나타날 수 있기 때문에 학습자의 특성과 자질을 파악하여 집단을 구성해야 한다. 케이건(Kagan, 1985)은 협동학습을 다음과 같이 여섯 가지로 정의하고 있다.

팀 성취 분배 보상기법(STAD: Student Teams Achievement Division): 슬래빈(Slavin, 1990)에 의해 개발되었으며, STAD 모형이라고도 부른다. 팀 전체의 성취도가 구성원들의 성취도에 영향을 미치게 되기 때문에 팀 구성원의 협동이 매우 필요하며, 다음의 다섯 단계로 이루어진다.

- 학습 과제를 제시한다.
- 주어진 과제를 충분히 이해할 수 있도록 분단학습을 실시한다.
- 개인별 성취도를 측정하기 위해 퀴즈(quiz)시험을 치른다.
- 이전에 얻은 점수와의 차이를 알아보기 위해 개인별 성취도를 점검한다. 팀의 개인별 성취도를 평균하면 그 팀의 성취도가 결정된다.
- 가장 높은 성취를 얻은 팀에게 보상을 한다.

팀 토너먼트식 게임법(TGT: Teams Games Tournaments): STAD 모형과 비슷하지만, 퀴즈 시험 대신 주어진 과제에 대한 지식을 게임을 통해 알아보는 점이 다르다.

- 각 분단에서 각각 1명씩 나와 게임을 한다.
- 각 분단에서 교수자 질문에 가장 응답을 잘하면 3점, 다음 2점, 마지막은 1점을 받는다.
- 자신이 획득한 점수를 갖고 자신의 팀으로 돌아간다.
- 가장 높은 점수를 얻은 팀이 승리한다.

직 소우Ⅰ 모형(JigsawⅠ): 아론슨과 그의 동료(Aronson et al.,

1978)에 의해 개발된 것으로서, 학습자끼리 높은 상호작용을 필요로 하는 모형이다. 학습자 개인에게 해당 부분의 정보나 과제를 제시하여 완전히 습득하게 하면서 전체에 대해 책임을 지도록 한다. 따라서 학습자는 자기 팀뿐만 아니라 다른 학습자의 정보나 자료를 모두 이해하여야 한다.

직 소우Ⅱ 모형(Jigsaw Ⅱ): 슬래빈(Slavin, 1980)에 의해 개발된 것으로서, 직 소우Ⅰ모형과 결합된 모형이다. 학습자를 전문가 집단과 학습 집단으로 나눈 후, 전문가 집단의 학습자들이 정보를 수집하여 연구하여 전문가가 된다. 그리고 난 후, 전문가는 자신이 속해 있는 학습 집단에 돌아가 자신이 연구한 전문성을 팀원들과 함께 나눈다. 이러한 과정을 통해 학습 집단의 구성원도 전문가가 되어 결국은 팀 전체에 주어진 내용을 학습하게 되며, 교수자는 학습 전체를 대상으로 학습 내용 전체를 평가할 수 있다. 직 소우Ⅰ모형에서는 학습할 내용의 정보를 나누어 학습자 각각 따로 주었지만, 직 소우Ⅱ모형에서는 모든 학습자에게 정보가 제공되며, 전문가가 정리하고 연구하게 함으로써 특정 분야의 전문가를 양성하는 차이점이 있다.

도우미 학습(Co-op Co-op): 다른 협동학습과 같이 주어진 과제를 집단의 구성원이 협동하여 해결한다(Kegan, 1985).

- 주어진 주제의 관심을 유도하기 위해 학습자끼리 토론을 한다.
- 토론이 끝난 후, 집단을 구성한다.
- 팀 활동을 수행한 후, 각 집단은 여러 주제 가운데 하나씩 선택하여 책임을 지고 해결한다.
- 선택한 주제를 작은 단위의 주제로 나누어 집단 구성원이 분담하여 연구한다.
- 다시 집단으로 돌아가 팀 전체가 발표할 내용을 준비한다.
- 각 집단별로 발표한다.
- 팀 내 구성원과 각 팀별 평가를 하며, 교수자는 개인별 평가를 한다.

그룹조사 : 다음과 같이 6단계로 실행한다(Sharan & Hertq - Lazarowitz, 1980).

- 주제를 정한 후, 학습자 관심에 따라 주제별로 집단을 구성한다.
- 주제의 세부 학습과제를 정하여 팀 구성원에게 나누어 준다.
- 학습자는 자료 수집 및 정리, 해석을 통해 결론을 이끌어 낸다.
- 보고할 내용과 보고 방법을 결정한 후, 보고서를 작성한다.
- 전시, 구두 보고, 비디오 상영 등 다양한 방법으로 보고한다.
- 학습자의 협동과 배운 정도를 교수자가 평가한다.

(3) 발견 · 탐구 학습

발견학습은 브루너(Bruner)가 제안한 교수 · 학습 방법이다. 이는 교수자의 지시를 최소로 줄이고 학습자 스스로 자발적인 학습을 통해 수업 목표를 달성하는 데 목적이 있다. 발견학습은 기본 개념이나 원리를 학습자 스스로 깨닫게 되어 탐구 능력과 태도를 기를 수 있기 때문에 학문중심 교육과정에서 강조되고 있다. 브루너는 학습자들이 스스로 발견하는 연습을 통해 문제 해결 과정에서 지식이 획득되어 가기 때문에 탐구 기능의 학습과 자아발견 및 자기실현이 가능하다고 주장하였다. 이러한 발견학습을 위해서는 문제인식, 가설설정, 가설검증, 적용 및 결론도출 단계가 필요하며, 이때 교수자는 학습자의 발견 과정을 촉진하고 안내하는 역할을 담당한다. 탐구학습은 마샬라스(Massialas)에 의해 주장되었으며, 가설과 연관된 신축성 있는 자료를 활용하여 불확실한 상황을 검증하고 평가하는 과정을 말한다. 따라서 주입식이나 암기식 학습 방법 대신 발견적, 탐색적 형식과 함께 이를 위해 수업을 수행할 때 필요한 조건들을 제시하고 있다. 탐구학습은 지식의 획득 과정에 있어서 학습자의 탐구 능력에 대한 습득과 함께 새로운 지식을 탐구하는 학습방법을 가리킨다. 이를 위해 문제를 제기하고 가설을 설정하며, 실험 설계와 데이터 수집, 가설 검증, 결론 도출의 과정이 필요하다. 이때, 교수자는 학습자에게 탐구해야 하는 문제를 제시하거나 스스로 문제를 발견할 수 있도록 안내하는 역할을 한다. 다음은 발견·탐구 학습의 특징을 비교한 것이다.

〈표 5-11〉 발견·탐구학습의 특징

장점	단점
• 학습자가 적극 참여하며, 사회적 의사소통 능력이 향상됨. • 지적 능력 계발과 함께 합리적이고 비판적 사고가 배양됨. • 학습자 스스로 발견하고 찾아가기 때문에 기억이 오래 남고 책임감이 강해짐. • 학습자의 능동적 참여로 긍정적 자아개념이 형성됨. • 창의성과 함께 지적 능력이 발달하고 과학적 조사 기술이 신장됨.	• 시간이 많이 들며 비효율적인 학습이 될 수 있음. • 모든 학습상황에 적용하기가 어려움. • 단순한 개념을 많이 전달하는 경우 비효율적임. • 타당도와 신뢰도가 높은 탐구 능력 평가방법의 개발이 어려움.

(4) 인지적 도제 학습

제대로 된 학습이 이루어지 위해서는 지식습득과 함께 현실과 비슷한 상황에서 실제적인 학습 수행 경험과 상호작용, 토론을 통해 보다 역동적인 학습자의 참여가 필요하다. 이를 해결하기 위해서는 인지적 도제 학습이 필요한데, 이는 모델링(modeling), 코칭

(coaching), 비계설정(scaffolding), 반성적 사고(reflection), 명확한 표현(articulation) 등의 학습방법이 있다. 코칭은 이전에 알지 못했던 내용을 학습자에게 알려 주거나 빼놓은 부분을 회상시켜 주어 목적하는 과제를 수행하도록 지원하는 데 그 목적이 있다. 이는 학습자의 수행 장면 관찰, 힌트주기, 비계설정, 피드백, 모델링, 조언, 전문가 수행과 근접한 새로운 과제들로 이루어져 있다. 한편, 비계설정은 학습자들이 과제를 성공적으로 수행하도록 지원하는 데 목적이 있다. 따라서 학습자가 일정 수준에 도달하면 교수자의 지원을 감소시키는 페이딩(fading)과는 구별되며, 사전에 학습자의 현재 수준을 정확하게 진단하는 것이 필요하다. 반성적 사고는 학습자가 자신의 문제 해결과정을 전문가나 다른 학습자와 비교할 수 있도록 하며, 이를 위해 학습자에게 읽고 쓰거나 크게 말하고 기록하는 것, 다른 학습자와 생각을 비교하기 위해 테이프를 재생하는 것들로 구성된다. 명확한 표현은 학습자들의 생각이나 문제 해결 과정을 정확하게 표현하는 방법이다. 따라서 학습자가 명확한 표현을 하도록 질문을 한다든지, 문제 해결 과정에서 학습자의 생각을 분명하게 표현하도록 지원하는 역할이 필요하다.

(5) 문제중심 학습

문제중심 학습(PBL: Problem Based Learning)은 학습이 문제 상황에서부터 시작된다. 즉, 학습자에게 문제 상황을 주고 자신들이 해결해야 하는 문제와 관련된 목록을 작성하는데, 이는 문제 상황을 이해하는 데 필요한 요소들을 찾아내기 위해서이다. 그리고 난 후, 각자에게 학습 과제를 부여하고 개인별로 과제를 해결한 후, 협동학습을 하게 된다. 협동학습 과정에서는 문제를 재검토하고 문제 해결과 관련된 다른 사람의 의견 수렴을 통해 수정하고 보완하여 보다 발전된 결과를 얻어야 한다. 일단, 문제가 결정되고 나면 학습에 필요한 가설을 설정하고 연구 주제를 찾아야 한다. 학습자는 교수자의 지원 없이 문제를 해결하는 과정에서 한계에 부딪히면서 자신의 학습 과정을 재편성하고, 다른 해결방안을 선택하여 제한된 시간 내에 의사결정을 하게 된다. 이러한 문제중심 학습을 수행하기 위해서는 비구조적인 문제와 함께 실제 생활과 관련된 문제를 제시하고, 학습자 스스로 학습 내용을 결정해 나가면서 문제를 해결해 나가는 자기주도적 학습과 협동학습이 동시에 필요하다.

(6) 자원기반 학습

자원기반 학습은 특별히 설계된 학습자원들과 상호작용적인 매체, 그리고 공학 기술을 통합하여 학습자 중심의 학습을 증진하기 위한 일련의 통합된 전략이다. 따라서 자원기반 학습은 서로 다른 교수·학습 양식에 쉽게 적용하며, 학습을 위해 교수자와 학습자원, 학습자 등의 모든 자원 요소들을 활용한다. 이러한 자원기반 학습은 모든 학습자들이 평생 학습자가 되는 데 필요한 기본적인 지식 획득과 함께 독립적으로 학습할 수 있는 기능을 기를 수 있는 기회를 제공하는 데 목적이 있다. 따라서 자원기반 학습은 학습자가 관심이 있는 문제나 질문에 직면했을 때, 가장 효과적인 방법이다. 이를 위해 교수자는 학습자에게 가장 적합한 주제를 선정하여 의미 있는 질문을 제시한 후, 학습자가 관련 자료들을 인터넷을 활용하여 탐구하면서 해결해 나가는 방법을 유도해야만 한다.

(7) 프로젝트 학습

프로젝트 학습은 1918년 미국의 Kilpatrick이 고안한 수업방법 가운데 하나이다. 이는 미국에서 지식중심(학문중심)의 접근 방식에서 벗어나 실생활에 접근한 실용주의와 맞물려 탄생되었다. 이러한 프로젝트 학습은 학습자들에게 강한 동기를 부여하고 학습활동을 촉진하는 학습방법으로 인식되고 있다. 프로젝트 학습은 추상적인 개념이나 학습 내용을 학습자들이 실제적인 과제를 통해 확인하고 학습하는 과정이다. 즉, 학습자들이 실세계와 관련성이 있는 실제적인 문제해결에 참여한 후, 결과물을 창조하는 과정을 통해 새로운 지식과 기술을 습득하는 교수·학습 방법이다. 이러한 프로젝트 학습을 통해 학습자들은 지식 기반사회와 고도의 테크놀로지 기반 사회를 살아가는 데 적합한 능력을 신장시킬 수 있으며, 문제해결 과정을 통한 문제해결 능력과 함께 팀워크, 시간관리, 테크놀로지 활용, 연구를 위한 정보수집 및 정보처리 능력을 신장시킬 수 있다. 또한, 프로젝트 학습은 학습자들을 실생활 과제에 참여하게 하며, 과제를 해결하는 데 있어서 다양한 접근방법이 존재하는 개방형 과제가 제시되고, 구성주의 접근 방식과 함께 모둠별 협력학습을 수행한다. 뿐만 아니라 장기간 다양한 정보탐색을 통해 과제를 해결하고, 교수자나 안내자, 조력자로서 학습자 중심의 접근 방식을 취하고 있는 점에서 문제중심 학습과 유사하다. 이러한 관점에서 문제중심 학습을 프로젝트 학습의 전통적 배경으로 볼 수 있지만, 프로젝트 학습과 문제중심 학습은 구별되어 적용되어야 한다. 프로젝트 학습은 프로젝트가 주어지면, 이에 대한 결과물을 산출하기 위한 계획을 수립하고 나아가 산출물을 생성하며, 이를 평가하는 단계로 학습이 진행된다. 다시 말해 문제중심 학습은 정답이 주어진 문제를 학습자 스스로 해결하기 위해 정보를 수집하고 이를 해결하는 과정을 통해 학습이 이루어지지만, 프로젝트 학습은 프로젝트가 주어지면 학습자 스스로 계획을 세우고 정보를 수집하여 산출물을 창조해 나가는 과정 속에서 학습이 자연스럽게 이루어지는 형태이다. 프로젝트 학습에 있어서 학습자들의 수업 집중률과 참여를 높이기 위해서는 학습자 활동 중심의 교수설계와 함께 학습 주제들이 실생활과 연계되어야 한다. 학습자 중심의 활동을 위해서는 교수자 중심의 대집단 수업이 아니라, 학습자가 중심이 되어 직접 활동을 할 수 있도록 하여 수업의 참여도를 높여야 한다. 실생활과 연계된 수업을 위해서는 수업 내용 및 과제를 학습자들의 일상생활이나 친숙한 소재와 관련을 맺어 학습자들의 흥미와 관심을 유도하여야 한다. 또한, 수업 내용도 학습자들의 실제적인 경험을 토대로 진행하여 수업에 대한 이해를 높일 뿐만 아니라, 일상생활과 직업 현장으로의 전이 효과를 증대시켜야 한다.

(8) 혼합형 학습

최근 교수·학습 분야에서 자주 사용되고 있는 혼합형 학습 (blended learning)은 2003년 ASTD(American Society for Training and Development)에서 지식전달을 위해 가장 중요한 10개 분야 가운데 하나로 소개하고 있다. 혼합형 학습은 기업교육 분야에서 학습과 업무 성과의 향상을 목적으로, 전통적인 면대면 교실 수업과 사이버학습의 장점을 보완하기 위해 기업교육 분야에서 처음 도입한 개념이다. 초기의 혼합형 학습에 관한 용어는 오프라인과 온라인의 혼합을 의미하였으나, 최근에는 학습 목표나 내용에 따라 두 가지 이상의 다양한 학습 방법과 도구, 기술, 학습 전략을 활용하여 학습 환경을 최적화하고, 학습 경험과 업무 과제의 통합을 시도하는 전략적 학습 방법으로 활용되고 있다. 과거에는 컴퓨터 중개 수업 (CMC: Computer Mediated Instruction)과 면대면 수업이 서로 분리된 학습 방법이었으나, 혼합형 학습으로 인해 컴퓨터가 기반이 되는 CMI의 중요성은 더욱 강조되고 있다.

Graham(2006)은 혼합형 학습을 CMI와 면대면 수업의 결합으로 정의하고 있으며, 수업 형태나 전달 매체의 결합, 수업 방법의 결합, 온라인과 면대면 수업의 결합을 혼합형 학습의 기본 요소로 규정하고 있다. 따라서 최근의 혼합형 학습은 과거와 달리 단순한 온라인과 오프라인의 결합만이 아니라 수업방법이나 매체의 결합까지도 포함한다고 볼 수 있다.

> 혼합형 학습은 컴퓨터를 기반으로 하는 CMI와 면대면 수업의 결합을 포함하여 수업 방법과 지식 전달을 위한 매체 간의 결합을 의미한다.

최근의 혼합형 학습은 전통적인 교수자 중심의 면대면 수업 대신, 상호작용이 빈번한 CMI 환경의 증가로 인해 자기조절학습과 비동시적인 텍스트 기반의 상호작용이 강조되고 있다. 그러한 이유는 면대면 학습 환경에서는 학습자끼리 상호작용을 중시하지만, CMI 환경은 학습자 간의 동시적 상호작용이 어려워 학습자와 매체 간의 상호작용이 더욱 필요해지고 있기 때문이다. 혼합형 학습에 관한 용어는 Blended learning, 혼합형 학습, 혼합형 수업 등으로 다양하게 불리고 있으나, 교수자 입장에서 교수(teaching)란 용어가 적절하듯이, 학습자 입장에서는 학습(learning)이란 의미가 보다 설득력을 갖는다. Rothwell(2006)의 지적대로 교수자가 학습자와 상호작용을 구축하여 제공하려는 노력 없이 파워포인트나 웹을 사용하여 단순히 페이지를 넘기는 학습 방식을 탈피하기 위해서는 혼합형 학습이 반드시 필요하다.

(9) 팀 기반 학습

팀 기반 학습은 최근에 등장한 새로운 개념이 아니다. 1970년대 미국 오클라호마대학(University of Oklahoma)의 Michaelsen 교수가 TBL의 개념을 정립한 이후, 같은 대학의 Kink와 Knight 교수가 그들의 아이디어를 발전시켜 팀 기반 학습 모형을 개발하게 되었다. 이러한 팀 기반 학습이 대두된 배경은 100~300명가량의 많은 학습자들이 경영학 과목을 집중적으로 수강하는 데 따른 문제점을 해결하기 위해 시작되었다. 최근에는 TBL이 교육은 물론 기업과 컨설팅 기관에서 점차 주목을 받기 시작하면서 미국과 유럽으로 번져 나가고 있다.

최근에 교육은 물론 산업계에서 일어나고 있는 대부분의 일들은 과거와 달리 개인이 수행하기에 불가능하거나 어려운 일들이 늘어 가고 있다. 이를 해결하기 위해서는 팀을 기반으로 하는 해결책이 필요하며, 팀 조직이 원활하게 운영되기 위해서는 동료들과 협력적으로 일을 수행하는 능력을 갖춘 인재가 필요하다. 또한, 교육방식과 패러다임의 변화에 따라 연수를 위한 교육에서 성과를 내는 교육으로의 전환이 이루어지고 있다. 21세기 경쟁력과 핵심역량을 갖춘 인재의 양성은 기초적인 지식이나 이론을 알고 있는 것으로는 한계를 갖기 마련이다. 따라서 알고 있는 이론이나 지식을 실세계에 적용하고 활용하기 위해서는 학습자들끼리 활발한 상호작용을 통한 토론과 고차원적인 사고과정이 필요하다. 뿐만 아니라 학습자들 스스로 습득한 이론적 지식을 경험적 지식으로 승화시키기 위해서는 학습자들에게 자율성과 책무성을 동시에 부여하는 새로운 교육방식이 필요하다. 한편, 팀 기반 학습의 필요성은 학습과 현장을 아우르는 새로운 분야의 탄생에서 비롯되었다. 종래에는 교육분야에 한정되어 논의되었던 팀에 관련된 연구나 가치, 효과성 등이 최근에는 경영학, 법학, 스포츠, 군사학, 의학 및 과학, 경호, 방재, 연구개발 및 심리학, 교육공학 등 다양한 분야에서 나타나고 있다. 이러한 현상들은 특정 분야나 영역을 한정짓는 과거와 달리 정보화와 세계화로 인해 수많은 정보들이 시간과 공간의 제약 없이 넘나드는 글로벌 환경에서 비롯된 것으로 생각된다.

팀(team)이란 두 명 이상의 사람들이 가치 있는 목표를 달성하기 위해 기간을 정한 후 각자의 역할을 분담하여 개인이나 동료 간에 독립적이거나 상호 의존적으로 상호작용하는 조직으로 정의할 수 있다. 따라서 팀은 일반적인 사람들의 모임인 집단(group)과는 다르며, 친교를 목적으로 하는 단순한 모임(gathering)이나 다수의 모임을 가리키는 조직(organization)과도 다른 개념이다. 팀은 2명 이상이 되어야 하며, 한 팀은 보통 4~7명으로 구성한다. 이들은 개인이나 공동의 목표를 설정한 후, 이를 달성하기 위해 목표 달성 기간과 구성원의 역할이 명확하게 부여되어야 한다. 이미 언급한 바와 같이 팀이 단순한 모임이나 조직과 구분되는 이유는 팀을 통해 성과를 내기 위한 다양한 전략들이 제공된다는 점이다. 따라서 구성원의 역할에 따른 책임감이 부여되어야 하며, 협력적 상호작용에 따른 지식의 공유나 보상과 함께 새로운 가치를 만들어 내야만 한다. 이를 위해 필요한 것이 팀 기반 학습이다.

팀 기반 학습은 팀을 기본으로 이들을 학습에 연결시켜 개인이 지니고 있는 다양한 지식들을 협력학습과 상호작용을 통해 개인과 팀의 성과를 극대화하기 위한 교수 전략이다. 따라서 집단을 구성하여 상호작용을 촉진하고 나아가 특정 문제를 해결하여 성과를 산출한다는 의미에서 문제기반 학습이나 토론식 수업과 유사한 점을 지니고 있다. 그러나 팀 기반 학습은 학습자 개인이 지니고 있는 사전 지식이나 사전 준비도(readiness)를 중요시하며, 구성원들에게 책임감과 의무를 부여하고 나아가 개인이나 팀별 평가는 물론 동료 간의 피드백을 제공한다는 측면에서 차별화된 새로운 교수전략이라고 볼 수 있다.

　이러한 팀 기반 학습은 다음과 같은 세 가지 요소를 기본으로 하고 있다. 첫째, 팀 기반 학습의 집단 활동은 학습자 중심으로 이루어져야 한다. 이는 학습 과정을 수행하는 도중 학습자들이 과제 내용을 정확히 적용하기 위해서는 학습자들이 지니고 있는 다양한 능력들을 이끌어 내야 하기 때문이다. 둘째, 팀 기반 학습의 수행은 개인보다는 집단이나 팀을 중심으로 이루어져야 한다. 셋째, 팀 기반 중심의 교수설계는 다수의 집단 과제가 포함되어야 하며, 학습을 개선하는 교육과정과 함께 팀의 개발이 증진되도록 자기관리 프로그램이 함께 제공되어야 한다.

　팀 기반 학습이 성공을 거두기 위해서는 다음과 같은 전략들이 필요하다. 첫째, 지식의 단순한 습득뿐만 아니라, 이를 활용하기 위한 다양한 전략들이 필요하다. 성과를 내기 위한 기본 개념이나 지식을 이해하는 것은 물론 이를 발전시켜 배운 내용들을 실제 상황에서 어떻게 적용할 것인지를 구체적으로 나타내야 한다. 따라서 습득한 지식이나 개념들이 실제 현장 사례와 어떠한 관련성이 있는지를 이해하고 이를 실제 적용할 수 있도록 구체적으로 제시되어야 한다. 둘째, 학습자들의 다양한 생각들을 존중하고 협력하는 분위기가 중요하다. 팀 기반 학습은 혼자서 학습하는 것이 아니라 다양한 사람들이 모여 이루어진 집합체이다. 따라서 팀 구성원의 다양한 의견이나 생각들이 소수의 사람들로 인해 무시되거나 억압되는 환경에서는 목표를 도달하기 위한 아이디어나 새로운 사고들이 발현될 수 없다. 팀 기반 학습은 팀 구성원이 지니고 있는 개인 학습과 함께 조직을 통해 이루어지는 조직학습이 함께 이루어질 때 최대의 가치를 발휘하기 때문이다. 셋째, 교수자의 역할은 지원자, 촉진자, 안내자이어야 한다. 팀 기반 학습의 주된 활동은 협력학습이다. 따라서 교수자는 강의 내용을 전달하기보다는 이를 지원하고 촉진하며 안내하는 역할을 하여야 한다. 이는 팀 기반 학습의 목적이 단순한 지식의 습득보다는 학습 활동을 통해 성과를 내는 교육, 목표에 도달하는 교육이 되어야 하기 때문이다. 넷째, 단계별 학습자의 명확한 역할 부여와 이를 조정하는 리더십이 필요하다. 팀 기반 학습은 학습자의 책임감이 강조되기 때문에 명확한 역할이 주어져야 하고 구성원 간에 서로 의견 충돌이 있을 경우, 이를 조정하고 의사소통을 지원하는 리더가 필요하기 때문이다. 다섯째, 적절한 수준의 과제 부여와 함께 이를 수행하는 팀 구성이 필요하다. 팀 기반 학습이 성공을 거두기 위해서는 구성원 각자가 지니고 있는 다양한 지식들을 효과적으로 활용할 수 있을 뿐 아니라, 이를 수행할 수 있는 과제가 제공되어야 한다. 제시된 과제 내용이 너무 어렵다든지 불확실하거나 학습자 수준을 벗어나는 과제는 피해야 한다. 여섯째, 피드백을 제공하여 학습 과정과 결과가 확인되도록 설계해야 한다. 팀 기반 학습의 피드백은 단계별로 즉시 제공되어 학습 과정과 함께 결과에 대한 피드백이 이루어져야 한다. 이는 학습자의 동기를 유발시키며, 팀 기반 학습 활동을 증진시킬 수 있기 때문이다.

팀 기반 학습이 성공을 거두기 위해서는 지금까지 제시한 요소 이외에 학습자들이 팀 기반 학습에 참여하기 위해 사전에 알고 있어야 하는 사항이나 교재개발, 학습 환경 등 다양한 사항들이 정확하게 분석된 후 적용되어야 할 것이다. 초기 대학을 중심으로 고등교육기관에서 교수·학습의 질 개선을 위해 시작한 팀 기반 학습은 소집단 학습 형태의 하나로서 널리 활용되고 있다. 이는 개인과 집단 활동이 가능하도록 즉시적인 피드백이 제공되며, 나아가 학습자들이 적극적으로 학습에 참여하도록 격려하기 때문이다. 이를 위해 학습자들의 만족감을 충족시키는 팀 기반 학습 환경과 함께 학습자들이 소집단 활동을 통해 지적인 경험뿐 아니라 사회적 경험을 할 수 있도록 설계되어야 한다. 교수자는 팀 기반 학습을 통해 다양한 교수방법이나 교수전략을 활용할 수 있으며, 과제나 동료평가를 통해 다양한 평가 자료를 얻을 수 있다. 이를 통해 교수자는 강의자뿐만 아니라 튜터나 멘토, 수업 안내 및 촉진자로서 다양한 역할이 가능하기 때문이다. 또한, 학습자는 팀 활동을 통해 타인에 대한 배려와 신뢰감, 만족감 등이 신장되며, 문제해결력이나 비판력, 창의성, 리더십 등이 향상될 수 있다. 특히, 팀 기반 학습은 100명 이상의 대단위 강의에서 운영이 가능할 뿐 아니라 다양한 학습경험과 지식을 가진 동료들과의 상호작용을 지원하며 나아가 책임감 있는 역할 부여로 인해 조직의 성과를 제대로 달성할 수 있기 때문이다.

협력의 과정은 ① 팀 만들기, ② 아이디어 생성, ③ 의사결정 만들기, ④ 실행 및 평가를 통해 이루어진다. 팀 구성은 12명 이하로 구성하되, 학습하려는 공동의 목표와 함께 이를 실행하는 기술이 필요하다. 특히, 구성원 간에는 상호 간의 책임감과 함께 이들이 서로 만날 수 있는 공유된 접근방법을 갖추고 있어야 한다. 특히, 집단 내에서 새로운 아이디어를 생성하려면 브레인스토밍이나 개념도, 분석, 스토리보드, 역할극 등을 자주 사용해야 한다. 의사결정을 만들기 위해 초기에는 누군가가 주도적이며 독립적으로 수행하되, 점차 관련된 정보를 수집하고 여론의 교감과 과정 전달 및 투표 과정을 거쳐 결정해 나가야 한다. 실행이란 산출물, 즉 결과를 얻기 위한 개인별 역할과 책임감 분담 및 공통의 환경을 뜻한다. 평가는 하나의 성찰과정으로서 처음 기대치와 결과에 대한 도표, 자료조사, 투표, 목표에 대한 점수 및 측정, 최상의 작품 수집 등을 통하여 이루어진다.

팀 기반 학습의 수행을 위해서는 기본 모형을 따르는 것이 필요하다. 팀 기반 학습모형은 ① 사전 계획 단계, ② 선행 학습 단계, ③ 준비도 확인 단계, ④ 개념 적용 및 문제해결 등 4단계로 이루어진다. 사전 계획 단계에서는 교육현장에서 실제 활용할 팀 기반 학습을 체계적으로 계획하는 단계이다. 선행 학습 단계는 팀 기반 학습 이전에 학습자가 교과 과정과 관련된 내용을 미리 습득하는 과정이다. 준비도 확인 단계는 수업을 준비하고 개인 또는 팀별로 선행 학습을 확인하고 팀별로 피드백을 전개하는 과정이다. 개념 적용 및 문제해결 단계는 실생활에서 나타나는 문제들을 제시한 후, 문제해결을 위한 개념 적용과 함께 동료평가를 통해 과제수행 결과를 평가하는 과정이다.

지금까지 협력학습을 지원하기 위한 대안적 방법으로 팀 기반 학습을 소개하였다. 그러나 최근에는 기본 모형 이외에 다양한 팀 기반 학습 모형들이 연구·개발되고 있다. 따라서 학교 현장에서는 위에서 제시한 기본 모형을 토대로 학습 유형이나 학습 시간 수, 교과의 특성 등을 고려하여 팀을 구성한 후, 학교 환경에 가장 적합한 팀 기반 학습 모형을 적용하는 것이 필요하다. 그러한 이유는 모든 학습 과정에 있어서 만능 처방식 모형이나 교수설계는 바람직하지 않으며, 현실적으로 존재하지 않기 때문이다. 따라서 학교 현장에서의 팀 기반 학습은 기본 모형을 중심으로 학교에 존재하는 다양한 교육 환경과 문화적 요소들을 고려하여 이에 알맞은 가장 적절한 모형을 선택하여 적용해야 할 것이다.

〈표 5-12〉 팀 기반 학습의 단계별 요소

단계		단계별 요소		내용
1단계	사전계획단계	• 학습목표수립 • 학습자특성분석 • 학습자료개발	• 학습환경분석 • 교과내용구성 • 점수체계설계	실제 활용할 팀 기반 학습을 체계적으로 계획하는 단계
2단계	선행학습단계	• 학습자료검토 • 참고자료 검색, 통합 • 주요 개념 정리	• 읽기자료숙독	팀 기반 학습 이전에 학습자가 교과 과정과 관련된 내용을 미리 습득하는 과정
3단계	준비도 확인단계	• 수업준비 • 팀별점검 • 피드백	• 개인별점검 • 팀별이의제기 • 개념, 개요정리	수업을 준비하고 개인 또는 팀별로 선행 학습을 확인하고 팀별로 피드백을 전개하는 과정
4단계	개념적용·문제 해결단계	• 실제 상황제시 • 동료평가	• 정답제시 • 학습효과 정리	실생활에서 나타나는 문제를 제시한 후 문제해결을 위한 개념 적용과 함께 동표평가를 통해 과제수행 결과를 평가하는 과정

Michaelsen, et al, 2004

제6장 웹 기반 학습(WBI)

제6장
웹 기반 학습(WBI)

1. 웹 기반 학습

웹 기반 학습(WBI: Web Besed Instruction)을 명확하게 정의하기는 어렵다. 그러나 Jolliffe & Stevens(2001)는 넓은 의미에서 WBI는 매체 전달을 위해 웹 서버(web server)를 사용하는 하나의 전자적 매개체로서의 의미가 아니라, 잘 정리된 학습 매체를 수집하기 위해 서버에 접속하여 매체를 전달하는 것으로 정의하고 있다. 한편, Khan(1997)은 학습을 촉진하고 지원하는 의미 있는 학습 환경을 위해 웹의 특성과 자원(sources)을 이용하는 하이퍼(hyper) 기반 학습 프로그램으로 정의하였다. 백영균(1999)은 WBI는 학습의 일부나 전부를 웹을 사용하여 학습 자료를 전달하고, 학습 진행을 위해 학습자와 상호작용을 하도록 이용하는 것이라고 말하였다. 따라서 이들의 의견을 종합해 보면 WBI는 단순히 웹 서버를 사용하는 인터넷을 가리키는 것이 아니라, 교수자와 학습자가 서로 상호작용을 통해 학습 자료의 수집과 전달, 활용을 목적으로 웹(web)을 사용하는 것을 뜻한다.

WBI를 위해서는 다양한 수집 방법과 최상의 정리된 프로그램이 필요하다. 이를 위해서는 다음과 같은 요소들이 웹 속에 내포되어야 한다(Jolliffe & Stevens, 2001).

- 문자, 그래픽, 멀티미디어(비디오, 오디오, 애니메이션)
- 비동시적이거나 동시적 의사소통을 위한 응용 프로그램: 비디오 컨퍼런싱, 채팅 룸, 토론방 등
- 웹 브라우저
- 정보의 저장 및 유지, 조절 기능
- 자원들 간 의사소통을 촉진하기 위한 프로토콜(TCP/IP, HTTP)

〈그림 6-1〉 WBI 요소들

그렇다면 교육에서 웹을 사용하는 이유는 무엇일까? 웹은 사용자 중심의 독립적인 플랫폼(platform)으로 구성되어 접근성이 용이하고, 풍부한 자료와 다양한 지식의 제공으로 인해 학습 효과가 증가와 함께 최신의 정보를 빠르게 주고받을 수 있기 때문이다. 따라서 WBI 환경은 다음과 같은 특징을 지니고 있다.

〈표 6-1〉 WBI 환경의 특징

장점	단점
• 시간과 공간, 장소의 구분이 없는 상시 의사소통의 가능 • 풍부하고 다양한 학습자 중심의 학습자료 제공 • 올린 자료의 신속한 수정 가능 • 교수자와 학습자의 상호작용 증가 • 비형식, 형식적 학습공동체 가능 • 문제 및 과제기반 학습 사용 가능 • 웹을 사용한 자료의 공유 가능 • 실시간 학습 내용 제시 • 학습매체에 다양한 멀티미디어 추가 • 학습자의 손쉬운 정보 가공 가능 • 학습자 자신의 학습 진행사항 점검 가능 • 최상의 안락한 사이버 학습 환경	• 기술적인 제한으로 인한 직선형 통제 요인 발생 • 다른 학습 환경에 비해 비용이 많이 듦. • 매체 설계자들의 컴퓨터 학습 관련 지식 필요 • 용량 제한으로 인한 자료 받기의 문제 발생 • 최신의 컴퓨터와 웹 브라우저 설치환경 필요 • 교수자와 학습자의 컴퓨터 환경에 대한 훈련이 필요함.

웹 기반 학습이 효율성을 거두기 위해서는 교수자는 WBI 환경의 특징과 함께 이를 활용한 다양한 학습 형태를 알아야 한다. WBI 학습 형태는 다음과 같다.

일인 기법: 학습자 혼자서 학습하는 형태로서, 교수자에 의한 최소한의 상호작용이 필요하다.

〈표 6-2〉 일인 기법의 WBI 학습

학습 유형	학습 형태	내용
일인 기법	온라인 데이터베이스	컴퓨터를 통해 접근 가능한 조직화된 자료들의 집합
	웹 저널	웹을 통해 사용자에게 전달되는 간행물
	온라인 응용프로그램	네트워크를 통해 원거리 컴퓨터에서 실행 가능한 소프트웨어 (개발도구, 통계, 경제, 교육용 프로그램 등)
	소프트웨어 도서관	FTP를 사용하여 도서관의 프로그램을 다운받아 컴퓨터에서 실행함.
	온라인 흥미그룹	컴퓨터 통신을 활용한 같은 흥미를 지닌 사용자들의 집합
	인터뷰	청중 앞에서 한 두 명의 전문가에게 질문하고 듣는 것

일대일 기법: 전자우편 패러다임 기법으로서, 일대일 또는 개별화된 교수·학습 특징을 갖고 있기 때문에 교수자와의 면대면 만남이 필요하다. 이 기법에서는 컴퓨터 통신에 의한 의사소통을 인쇄된 문자와 함께 제시하면 더욱 효과적이다.

<표 6-3> 일 대 일 기법의 WBI 학습

학습 유형	학습 형태	내용
일대일 기법	학습계약	학습 과정을 개별화하는 데 사용되는 기법임.
	도제방식	컴퓨터 통신망을 이용해 동료나 전문가, 조언자 등과 함께 지식을 형성하고 공유하는 것(조언 또는 동료 협동학습)
	인턴십	전문가의 안내와 지도로 학습자의 미래 직업을 연습할 수 있도록 도와주는 방법임.
	우편통신학습	인쇄물이나 필기물을 통해 학습이 진행되는 원격교육의 형태임.

일 대 다수 기법: 게시판 패러다임 기법으로서, 한 명 이상의 전문가가 학습에 관련된 내용을 제시해 주는 방법이다. 게시판이나 회의를 통해 의사소통이 이루어지기 때문에 학습자는 읽기만 수행하고 상호작용에 참여하지 않는다.

<표 6-4> 일 대 다수 기법의 WBI 학습

학습 유형	학습 형태	내용
일대 다수 기법	강의	학습자에게 시청각 자료를 제공하고 질의응답을 통해 조직화된 프레젠테이션을 하는 방법이며, 게시판에 자료를 올릴 수 있음.
	심포지엄	주제와 관련된 권위 있는 2∼5명의 전문가가 연속적으로 발표하는 형태임.
	위장극	학습자가 익명의 학습자로 가장하여 질문받기 원하는 질문을 자신에게 묻는 일종의 역할극이며, 교수자는 여러 개의 계정을 사용하기도 함.

다수 대 다수 기법: 회의 패러다임 기법으로서, 모든 참여자가 상호작용을 통해 학습에 참여할 수 있다. 인터넷의 일반적인 학습 방법이며, 개방하거나 폐쇄된 형태로 학습을 진행할 수 있다.

〈표 6-5〉 다수 대 다수 기법의 WBI 학습

학습 유형	학습 형태	내용
다수 대 다수 기법	토론	• 문제를 제시한 후, 2명 이상의 학습자가 주어진 시간에 참여하여 준비, 조절, 평가의 단계를 거쳐서 논쟁하는 방식임.
	시뮬레이션 및 게임	• 시뮬레이션은 학습자가 어떤 역할이나 자료를 사용해 대인관계나 다른 역학 관계를 모방하는 활동임. • 교육적 게임은 학습자들 간에 이루어지는 의사소통이 실세계를 반영하지 못하는 단점이 있음.
	역할놀이	• 실생활과 같은 상황 속에 몰입하여 연극의 배우와 같이 행동함. • 게임보다 실제적이며, 역할 담당자를 익명으로 할 때 효과적임.
	사례연구	• 학습자로 하여금 문제해결과 의사결정을 이해하고 연습하도록 사례를 준비하여 논의하는 방식임. • 사례연구, 연구 보고서, 사례분석, 사례 논의 등을 활용함.
	토론집단	• 학습자들이 주어진 주제에 대해 집단으로 공유된 관심사와 아이디어를 공유하고 교환하는 방식임.
	문서기반과제	• 학습자들이 특정 주제에 관한 글을 쓰고 자신들이 쓴 글에 대해 비평이나 토론을 하는 활동임. • 면대면 수업에서 수행하기 어려운 학습자의 분석력과 작문 기술을 향상시키는 방법임.
	브레인스토밍	• 학습자들 간의 창의성과 아이디어 확산을 격려하여 새로운 아이디어를 만들어 내는 상호작용 학습형태임. • 비평이나 비판 대신 사고와 자유연상이 격려되는 방식임.
	델파이 기법	• 전문가들의 가장 신뢰로운 의견을 수합하는 기법임. • 델파이를 수행하여 시간을 절감하고 결과의 질을 높이고자 할 때 유용함.
	명명 집단기법	• 개인이 아이디어를 만든 후, 집단 구성원들이 만들어진 아이디어를 목록으로 만들어 토론을 통해 우선순위를 매기는 방법임.
	포럼	• 참가자들이 질문을 하고 논의하는 기법이며, 25명 이상이 모여 지식이나 의견을 보급하는 것을 목적으로 함. • 컴퓨터 회의 시스템 방식을 가리킴.
	프로젝트 그룹	• 공유된 목적을 달성하기 위해 동아리와 같은 팀을 이루어 전자적으로 상호작용하는 방식임.

기타 기법: 이는 이미 사용되고 있거나 앞으로 활용 가능한 기법들이다.

〈표 6-6〉일 대 일 기법의 WBI 학습

학습 유형	학습 형태	내용
기타 기법	바구니 연습	• 교수자의 우편함이나 장바구니 안의 항목들을 학습자가 유추할 수 있도록 제시하는 시뮬레이션 전략임.
	패널	• 3~6명의 학습자들이 모여서 자신이 알고 있는 전문적인 지식에 대해 목적을 갖고 대화를 하는 방식임. • 토론자는 진행을 하고 청중은 경청하는 일종의 TV 토론 방식임.
	위원회 경청	• 온라인 시험과 같이 집단이 한 명 이상의 사람들에게 질문을 하는 형태임. • 순서대로 인터뷰나 질문을 하기 때문에 집단의 역동성을 살릴 수 있는 인터뷰 방식임.
	인지적 네트워크	• 소수의 참여자가 같은 문제에 대한 자료를 읽고 답을 제시한 후, 다른 팀에게 알려 주기 위해 서로 만나는 방식임.
	직소우	• 참가자들에게 자료를 주고 나서 주어진 과제를 각자 해결한 후, 온라인을 통해 합의점을 이끌어내는 방식임.

지금까지 소개한 WBI 학습 기법들은 이미 면대면 학습에서 제시된 방법들이다. 그러나 컴퓨터 통신 매체를 활용하여 변경하여 사용하거나, 웹의 특성을 살리면 좀 더 다양한 학습 형태가 될 것이다.

2. 하이퍼미디어의 뜻

최근 웹을 기반으로 사용하는 매체 가운데 하이퍼미디어(Hypermedia)란 용어가 자주 등장하고 있다. 하이퍼미디어는 멀티미디어(Multimedia)와는 다른 개념이다. 멀티미디어는 사용자가 하나의 화면에서 음성을 지원하며, 정보의 다른 형태를 보거나 듣게 하는 컴퓨터 기반 어플리케이션(Application)이다. 이는 사이버 공간에서 문자나 그림, 영상, 음성, 애니메이션 등을 결합하여 정보의 다양성을 추구하고 있다. 그러나 단순한 미디어의 결합은 학습자가 미리 과정을 익힌 후, 자신에게 알맞게 조절하거나 다른 매체들과의 동기화를 위해 너무 복잡한 과정을 거쳐야만 한다. 따라서 하이퍼미디어는 이처럼 복잡한 멀티미디어의 정보 수단을 편리하게 활용할 수 있도록 지원하기 위한 웹 기반 어플리케이션이다. 결국, 하이퍼미디어는 막대한 양의 데이터베이스를 학습자 필요에 맞게 정보를 구성하고, 구성된 정보를 쉽고 일관성 있게 언제나 이용하도록 돕는 체제로 정의될 수 있다(박성익 외, 1999).

하이퍼미디어는 하이퍼텍스트(Hypertext)를 기반으로 하는데, 하이퍼텍스트는 비선형적인 텍스트를 만들거나 접근하는 방법이다. 하이퍼미디어에서 텍스트는 작은 문단을 스스로 포함하고 있으며, 단어들과 핫 스폿(Hot spot)끼리 연결하는 기능도 갖고 있다. 또한, 멀티미디어가 다양한 것들을 단순히 제시하는 반면, 하이퍼미디어는 여러 개의 단어 그룹인 핫 스폿을 활용해 정보 요소들의 접근 방법과 함께 정보 공간을 쉽게 옮겨 다닐 수 있도록 지원하고 있다(Kommers et al., 1996). 따라서 하이퍼미디어는 문자나 그림, 음성, 영상 등 다양한 형태를 지닌 정보가 위치하고 있는 노드(Nodes)와 함께 사용자가 정보를 쉽게 찾아갈 수 있도록 노드들을 연결해 주는 링크(Links), 그리고 사용자에게 현재의 위치를 알려 주거나 노드끼리의 연결이 가능하도록 표시해 주는 버튼(Buttons)들로 구성되어 있다.

3. 하이퍼미디어 설계

(1) 메뉴 설계 방식

컴퓨터와 사용자 간의 대화를 위해서는 사용자 인터페이스(user interface)에 맞게 설계해야만 한다. 하이퍼미디어 설계 방식에는 크게 명령어 입력방식과 메뉴 선택방식, 그래픽에 의한 상호작용 방식이 있다. 설계하려는 내용의 구조가 복잡하거나 초보자인 경우에는 메뉴 선택방식이나 그래픽에 의한 상호작용 방식이 바람직하다. 메뉴의 유형에는 구성 방식에 따라 단일 구조메뉴, 직선형 구조 메뉴, 위계적 구조 메뉴, 네트워크 구조 메뉴로 각각 나눌 수 있다. 이 가운데 단일 구조 메뉴는 프로그램을 종료할 때 사용되는 방식처럼 여러 개 중에 하나를 선택하도록 메뉴를 구성하는 방식이다. 또한, 직선형 구조 메뉴는 워드프로세서에서 글꼴을 설정하는 것처럼 한 번에 한 가지만 결정하도록 함으로써 다른 결정 경로를 갖지 못하게 구성하는 방식이다. 위계적 구조 메뉴는 정보의 다양한 접근이 쉽도록 주 메뉴와 부 메뉴를 각각 두어 메뉴를 구성하는 방식이다. 또한, 네트워크 구조 메뉴란 윈도우 프로그램 창 닫기 버튼과 같이 언제, 어디서나 프로그램을 실행할 수 있도록 다른 부분의 메뉴끼리 연결하여 구성하는 방식이다.

한편, 메뉴의 종류에는 다음 그림과 같이 막대 선택 메뉴, 팝업 메뉴, 풀다운 메뉴, 드롭다운 메뉴, 아이콘 및 그래픽 사용자 인터페이스(GUI: Graphic User Interface) 등이 있다.

막대 선택(bar selection) 메뉴: 메뉴를 찾아갈 때 긴 막대를 상·하, 좌·우로 이용시켜 찾아가는 방식이다. 아래 그림은 DOS 운영 체제 프로그램을 실행시켜 엠(M)이라는 프로그램에서 정보를 찾는 방식을 보여 준 예이다.

〈그림 6-2〉 막대 선택 메뉴의 예

팝업(pop-up) 메뉴: 아래 그림과 같이 상자 위로 마우스를 이동시켜 상자를 선택한 후, 마우스의 오른쪽 버튼을 누르면 메뉴가 튀어나오도록 설계한 방식이다.

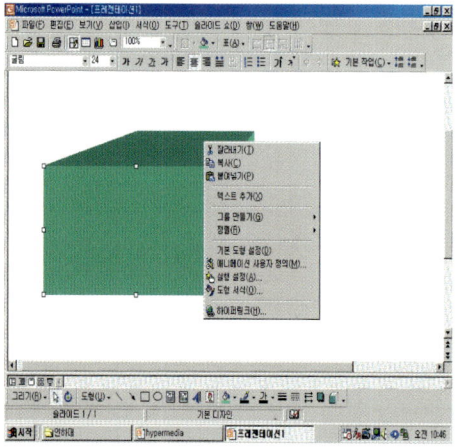

〈그림 6-3〉 팝업 메뉴의 예

풀다운(Pull-down) 메뉴: 윈도우 운영프로그램을 실행시킨 후, 마우스로 실행 버튼을 선택하면 하나의 주 메뉴(main menu)가 보인다. 마우스를 다시 주 메뉴로 이동시키면 하위 메뉴인 부 메뉴 (sub menu)가 보이도록 구성하는 방식이다.

〈그림 6-4〉 풀다운 메뉴의 예

드롭다운(Drop down)메뉴: 하나의 상위 폴더를 선택하면 상위 폴더 아래에 여러 개의 하위 폴더나 파일이 생기도록 구성하는 방식이다. 아래 그림은 드롭다운 메뉴의 예이다.

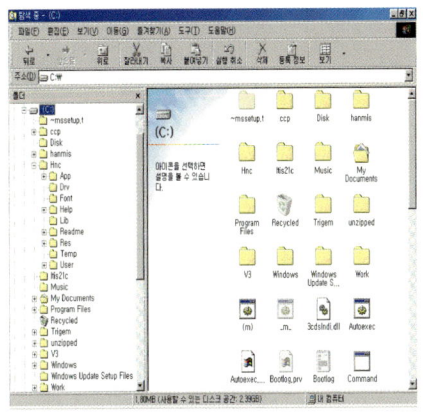

〈그림 6-5〉 드롭다운 메뉴의 예

아이콘 메뉴: 흔글에서와 같이 메뉴를 찾아갈 때, 메뉴 표시줄의 문자를 선택하는 대신 아이콘을 클릭하여 원하는 정보를 찾아가도록 구성한 방식이다.

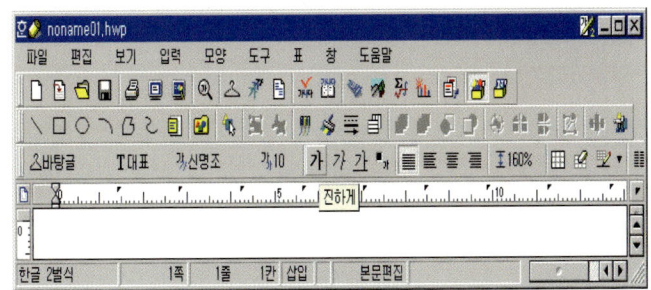

〈그림 6-6〉 아이콘 메뉴의 예

GUI 방식: 학습자가 아이콘이나 메뉴를 선택하여 정보를 찾아가는 것이 아니라, 그림이나 그래픽을 선택하여 원하는 정보를 찾아가도록 하는 방식이다. 그림이나 그래픽을 제공해 주기 때문에 사용자 인터페이스 중심의 구성 방식이 될 수 있다.

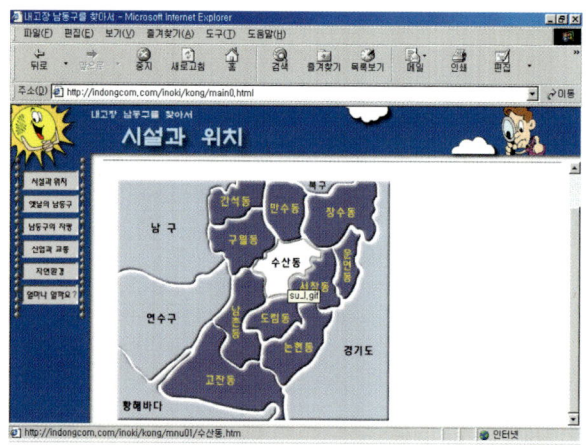

〈그림 6-7〉 GUI 방식의 예

(2) 하이퍼미디어 설계 전략

웹 기반 수업을 설계할 때 단순히 수업 내용만 나열해서는 안 된다. 웹 기반 수업에서는 수업내용, 수업구조, 인터페이스 등 세 가지 요소가 서로 영향을 끼치기 때문에, 이 세 가지를 조합하여 설계해야만 한다(Stansberry, 1998). 따라서 성공적인 하이퍼미디어 제작을 위해서는 다음과 같은 설계 전략이 필요하다.

메뉴 설계 전략: 화면을 구성할 때에는 하나의 메뉴에 4~8개의

항목을 배치하고, 메뉴의 개수는 3~4개 수준이 적합하다. 너무 많은 메뉴의 배치는 학습자에게 산만하고 복잡한 느낌을 줄 뿐만 아니라, 오히려 어떤 메뉴를 선택해야 하는지 어렵게 만들기 때문이다. 또한, 모든 항목에 사용되는 문장이나 단어는 화면마다 일관성 있게 사용해야 하는데, 이는 학습자에게 용어로 인한 혼란스러움을 주지 않기 때문이다.

메뉴의 모양은 메뉴항목에 사용되는 학습내용에 따라서 가장 적합한 메뉴를 결정해야 한다. 아울러 메뉴 항목의 배치는 화면마다 일관성을 유지하여 학습자가 쉽게 선택할 수 있도록 하고, 초보 학습자인 경우에는 글자보다 화살표를 사용하여 선택하도록 설계하는 것이 바람직하다. 메뉴 항목을 배치할 경우, 글자의 정렬은 왼쪽 정렬로 하되 화면마다 언제든지 이전 메뉴로 쉽게 돌아갈 수 있도록 설계하고, 어느 항목이나 화면이든지 간단히 접근할 수 있어야 한다.

화면설계에 있어서 특히 고려해야 할 점은 학습자가 현재 학습하고 있는 내용에 대한 방향감 상실을 줄여 주는 일이다. 즉, 주어진 문제를 학습자 혼자 스스로 해결하면서 공부하는 자기 주도적 학습의 경우, 학습자가 문제 해결 과정의 어려움으로 발생할 수 있는 고립감을 덜어 주면서 현재의 학습 방향을 올바르게 안내할 수 있어야 한다. 따라서 복잡한 메뉴의 경우에는 탐색을 돕는 지도(map) 기능이나 화면 번호 등을 함께 제시하여 학습자가 수시로 현재의 위치나 학습 방향을 찾아갈 수 있도록 설계해야만 한다.

온라인 멀티미디어 설계 전략: 일반적인 멀티미디어 설계 전략에는 화면구성 전략과 상호작용 증진 전략이 있다. 화면 구성에 있어서는 다음과 같은 네 가지 전략이 필요하다. 첫째, 전체 화면의 구성과 분할이다. 화면의 구성은 가능한 짧게 구성하되, 텍스트가 긴 경우에는 목록이나 그림을 사용하며, 가능한 스크롤바(Scroll bar)를 이용하지 않더라도 화면 내용을 한 번에 볼 수 있어야 한다. 또한, 화면은 학습 영역을 명확히 선으로 구분해 주어 학습자가 원하는 내용을 쉽게 선택할 수 있어야 한다. 둘째, 시각 자료를 적절히 활용하여 화면을 구성한다. 시각자료의 적절한 활용은 학습자에게 동기 유발을 촉진시킨다. 여기서 주의할 점은 너무 많은 시각 자료를 화려하게 구성하면 오히려 학습자에게 선택의 혼란스러움을 줄 수 있다. 셋째, 화면의 경제성을 고려해야만 한다. 한 개의 화면에 너무 긴 텍스트 문장을 나열하기보다는 학습자가 필요한 경우에 다운(Down)받아 사용하도록 하고, 마우스를 선택 항목으로 이용하였을 때에는 팝업(Pop-up)기능을 두는 것이 효과적이다. 넷째, 화면마다 사용되는 모든 버튼들은 일관성을 유지하며 공통적이어야 한다. 이전 화면이나 다음 화면에서 계속 사용되는 버튼의 모양이나 위치는 일관되고 동일하게 배치하면 학습자가 버튼을 쉽게 선택할 수 있다.

학습자의 상호작용을 높여 주기 위한 전략에는 하이퍼링크와 인터페이스의 설계방식이 있다. 한 개의 화면에 너무 많은 하이퍼링크를 제시하면 학습자는 선택으로 인한 혼란감을 가질 수 있기 때문에 적절하게 사용해야 한다. 또한, 인터페이스는 컴퓨터와 학습자 간의 상호작용을 도와주기 위해 매개해 주는 방식을 뜻한다. 인터페이스 지원 전략은 메뉴를 다양하게 한다든지, 학습자에게 미리 연결 정보를 제공하거나 위치 표시 지도를 제공하는 것을 말한다.

멀티미디어 자료의 설계전략: 멀티미디어 자료의 설계는 문자,

그림, 이미지, 음성, 동영상 등의 설계를 의미한다. 문자로 이루어진 텍스트 자료는 학습자의 모니터 해상도를 고려하여 글자의 크기를 설정해야 하며, 학습내용은 주제별로 묶어 알기 쉽게 요약하여 제시하는 것이 바람직하다. 또한, 메뉴와 링크의 적절한 배치 및 활용과 함께 그림이나 이미지 자료는 메모리 용량을 고려하여 설계하여야 한다. 예를 들어, 그래픽은 640×480으로 하여 1메가바이트(MB)를 초과하지 않도록 하고, 해상도가 높은 그림이나 이미지는 학습자가 필요한 경우에만 선택하도록 하여 불필요한 메모리의 사용을 최소화해야만 한다. 음성과 동영상 자료는 너무 많은 메모리 용량을 차지한다. 따라서 자료를 내려 받는 시간을 고려하여 너무 큰 자료는 단위 요소를 작게 나누어 설계하고, 텍스트 자료도 함께 제시하여 학습자가 필요한 자료를 선택할 수 있도록 구성한다.

하이퍼미디어 설계 전략: 1984년까지의 화면 중심의 설계 방식에서는 화면을 어떻게 아름답고 보기 좋게 구성할 것인가에 역점을 두었다. 그러나 1995년 이후에는 화려함 대신 학습자를 고려한 사용자 중심의 설계로 바뀌었다. 효과적인 하이퍼미디어 설계를 위해서는 여러 가지 요소가 고려되어야만 한다. 예를 들어, 학습자 스스로 자신의 학습 능력에 맞게 선택할 수 있도록 자기 조절 학습(self faced learning)을 위한 내적 통제가 쉽게 이루어져야 한다. 또한, 학습자가 현재 학습하고 있는 내용에 대한 방향감 상실을 하지 않도록 지원하고, 나아가 사용자 인터페이스 설계에 대한 구조와 표현 및 지속력을 증진시키기 위한 다양한 요소들이 함께 고려되어야 한다. 이를 위해서는 컴퓨터 운영상의 전략과 함께 인터페이스 설계 및 학습자 통제(control)에 관한 전략이 필요하다.

컴퓨터를 운영하는 데 있어서는 하드웨어와 소프트웨어의 제약, 접속률과 속도, 사용자에 의한 고정화된 구조 등에 관한 전략이 필요하다. 이미지의 크기와 색깔은 모니터 화면의 해상도와 관계가 있어 학습자의 컴퓨터 사용 능력을 제한할 수 있다. 또한, 웹 브라우저 프로그램의 선택은 웹의 표현과 항해에 영향을 줄 수 있으며, 컴퓨터 속도와 메모리는 학습자의 상호작용을 제한하는 요소가 되기도 한다. 그리고 화면과 폰트의 크기 및 형태, 배경색 등은 설계자들의 역할을 감소시킬 수 있다.

인터페이스 설계를 위해서는 구조적인 암시를 미리 제공해야만 한다(Khan, 1997). 웹에 있어서 정보의 위치에 대한 메타포(Metaphor)를 주거나 영역별로 세분화하여 묶는다든지, 미리보기를 실행할 수 있는 구조나 선행 조직자를 활용한 사전 지식의 탐색 등은 사용자 인터페이스를 위한 구조적인 전략들이다. 텍스트의 경우에는 학습자가 선택할 수 있는 것과 이미 선택된 것을 구분하여 명료하게 색깔로 표시하거나 학습의 진행 상황을 표시해 주는 것도 중요한 인터페이스 전략이다.

통제전략은 컴퓨터에서는 학습자에 의해 스스로 통제할 수 있는 방법을 뜻한다. 이를 위해 다양한 도구들과 새로운 버전(Version)을 사용하여 인터넷 환경에서 원활한 학습이 가능하고 웹 페이지는 간단하게 구성하되, 한 페이지 내에서 위치가 다른 경우가 여러 개 제시되어야 하는 경우에는 다른 페이지로의 연결(Link)기능을 사용하는 것이 바람직하다. 그러나 연결 기능은 학습자에게 선택을 하는 데 있어서 혼동을 줄 수 있기 때문에 신중하게 고려하여 설계해야만 한다. 또한, 중요한 정보는 스크롤 기능을 사용하기보다는 페이지 상단에 배치하여 한 개의 화면에서 쉽게 찾아볼 수 있도록 한다.

상호작용적 설계전략: 하이퍼미디어를 사용한 웹 기반 수업에서 학습자는 교수자와 멀리 떨어져 있기 때문에 무엇보다 상호작용이 중요하다. 이는 학습자가 교실 수업과 달리, 웹과 컴퓨터라는 매체를 활용하여 학습하기 때문에 자신의 학습방향이 제대로 가고 있는지, 또는 학습 도중에 주어지는 문제들을 제대로 해결해 나가고 있는지를 수시로 점검할 수 있도록 관련 정보와 함께 학습의 방향이 안내되어야 한다.

웹 기반 수업 환경에서의 상호작용은 교수자와 학습자, 교과 전문가들이 인터넷을 활용한 의사소통을 하면서 교수·학습 활동이 이루어진다. 따라서 화상강의나 인터넷 채팅, 실시간 오디오 강의와 같은 동시적인 방법과 게시판이나 보고서 제출, 개인 학습 등 비동시적인 방법이 모두 사용될 수 있다. 이러한 특성을 고려하여 교수자 측면에서는 다음과 같은 상호작용 요인들이 설계에 반영되어야 한다. 첫째, 교수자는 항상 학습자와 웹을 통한 공간 속에서 함께 접촉하고 학습활동에 임하고 있다는 흔적을 남긴다. 둘째, 교수자와 학습자, 전문가들에게는 다양한 방법을 통해서 이들을 서로 연결시켜 주어야 한다. 예를 들어, 전자우편이나 정기적인 채팅, 게시판, 질문 응답 코너 등을 활용할 수 있다. 셋째, 학습자가 교수자에게 보내온 질문은 즉시 응답하여 학습자의 고립감을 덜어 주어야 한다. 넷째, 학습자가 학습한 결과에 대해서는 내재적 또는 외재적 보상이 다양하게 충분히 주어져야 한다. 다섯째, 학습자의 상태를 정확히 분석하여 학습자에게 가장 적절한 안내가 항상 제공되어야 한다.

한편, 학습자 측면에서는 상호작용 지원 방안들이 고려되어 설계되어야 한다. 이를 위해서는 첫째, 학습자에게 자신이 수행하는 과제를 정확히 파악할 수 있도록 알려 주어야 한다. 둘째, 학습자가 교수자나 전문가와의 상호작용 빈도를 최대한 활용하여 과제해결을 반드시 할 수 있도록 알려 준다. 다만, 교수자와 전문가뿐만 아니라 학습자들끼리의 협동학습이나 협력학습을 통한 상호작용도 고려될 수 있다. 셋째, 학습자의 지루함을 덜어 주고 상호작용을 돕기 위해서는 지속적인 웹 관리를 통해 항상 새롭고 신선한 정보가 다양하게 제공되어야 한다. 넷째, 인터넷뿐만 아니라 비실시간인 경우나 면대면 학습을 통해 상호작용을 통한 학습이 다양하게 적용되어야 한다. 이는 학습자의 상태를 정확하게 분석하고 파악하는 데 도움을 줄 수 있기 때문이다.

온라인 멀티미디어 형태로 개발되는 웹 페이지는 학습자가 프로그램과 상호작용이 가능하도록 설계되어야 하는데, 이를 인터페이스로서의 상호작용 전략이라고 한다. 이를 위한 설계 전략에는 하이퍼링크, 인터페이스, 접속 및 다운로드 시간 등이 있다. 하이퍼링크의 설계는 무엇보다 중요하다. 그러한 이유는 학습자가 원하는 정보를 쉽게 찾아가면서 컴퓨터나 다른 학습자와의 상호작용을 할 수 있도록 하이퍼링크의 장점을 최대한 살린 웹 페이지가 되어야 하기 때문이다. 한꺼번에 수많은 정보를 링크 없이 제시한 웹 페이지의 화면 구성은 학습자에게 복잡하고 지루함을 주기 때문에 좋은 웹 페이지가 될 수 없다. 따라서 적절한 수의 링크가 제시되어야 하며, 오히려 너무 많은 링크의 배열은 학습자가 탐색 도중에 길을 잃기 쉽기 때문에 좋지 않다. 따라서 정보가 복잡하거나 너무 많은 경우에는 잘 정돈된 메뉴 목차를 제공하는 것이 바람직하다.

이와 함께 온라인 멀티미디어는 하이퍼링크 개념을 적용하여 일직선 연결이 아니라 다면체 연결을 활용하여 사용자가 정보를 항상 손쉽게 얻도록 설계되어야 한다.

웹 설계에 있어서는 하이퍼링크와 함께 중요한 것이 상호작용을 위한 인터페이스 배열이다. 같은 내용의 정보일지라도 학습자가 자신의 요구와 수준에 맞는 메뉴를 고를 수 있도록 텍스트나 그림, 음성, 동영상 등을 다양한 형태로 활용할 수 있어야 한다. 따라서 선택적인 메뉴의 제공과 함께 버튼이나 아이콘의 배열은 화면에 일관되게 제시하여 학습자가 원하는 정보를 쉽게 찾아갈 수 있도록 설계해야만 한다. 또한, 메뉴 목록이나 지도를 사용하여 학습하고 있는 현재의 정보와 다른 정보끼리 연계가 쉽게 이루어지고, 원하는 정보를 즉시 찾아갈 수 있도록 링크에 대한 힌트를 미리 제공해 주어야 한다. 인터페이스의 효과성과 효율성을 높이기 위해서는 학습자로부터 빠른 응답을 받을 수 있도록 전자우편만이 아니라 체크리스트나 단답형 설문을 활용하는 것도 좋은 방법이다. 멀티미디어 환경에서 고려해야 할 요소 가운데 하나는 접속과 내려 받기 시간이다. 너무 많은 동영상이나 그림의 사용과 비효율적인 메뉴 구조는 접속과 내려 받기 시간이 오래 걸리는 원인이 되기 쉬우므로 작은 그림 자료를 사용하거나 텍스트 자료를 알기 쉽게 구성하여 제시하는 것이 바람직하다.

■■■ 제7장　원격교육활용론

제7장
원격교육활용론

1. 원격교육의 뜻

교육에 있어서 매체를 활용한 사이버교육은 역사적 관점에서 볼 때 크게 세 가지로 나누어 볼 수 있다. 첫째 우편제도를 이용한 통신교육(correspondence education)의 시대, 둘째 방송을 중심으로 한 대중 전파 매체를 이용한 원격교육(distance education)시대, 셋째 발달된 정보 통신기술을 도입한 사이버교육(virtual education)시대이다. 여기서 사이버 교육은 가상교육으로 불리고 있으나, 호주와 같이 원격교육이 발달한 나라에서는 가상교육이란 용어 대신 External learning, Distance education 등과 같은 용어를 선호하고 있다. 따라서 본 책에서는 가상교육과 사이버교육, 원격교육에 대한 용어를 각각 구분하여 부르기보다는 원격교육으로 통칭하고자 한다.

원격교육에 관한 정의는 원격이란 용어가 지니는 의미의 다양성과 변화로 인해 한마디로 단정하기는 어렵다. 그러한 이유는 원격이란 의미 속에는 시간과 물리적인 공간, 교육 서비스 등 다양한 의미가 포함되어 있을 뿐 아니라, 우편제도를 이용한 방식에서부터 통신교육, 인터넷 출현에 이르기까지 급격한 매체의 발달에 원인이 있다고 생각된다. 원격교육은 가르치고 배우는 활동들이 다른 장소, 다른 시간에 또는 같은 시간, 다른 장소에서 매체를 이용해 일어나는 교육의 형태이다(정인성, 1999). 따라서 원격교육은 교수자와 학습자가 물리적으로 서로 멀리 떨어져서 매체를 활용하는 것을 의미한다. 이러한 정의는 원격교육이 기존의 교실 교육에서처럼 같은 시간, 같은 장소에서 이루어지거나 다른 시간, 같은 장소에서 이루어지는 멀티미디어실 수업과 달리, 원격 영상교육이나 통신교육, 방송교육, 컴퓨터 통신 교육 등을 포함하고 있음을 의미한다.

원격교육은 매체 중심의 원격교육(Moore & Kearsley, 1996)과 교육자와 학습자가 분리되어 학습자 스스로 학습하는 자학자습 형태의 원격교육(Peters, 1973; Holmberg, 1977), 그리고 교수자와 학습자가 쌍방향 커뮤니케이션을 통한 상호작용 중심의 원격교육(Garrison & Shale, 1987) 등으로 각각 분류할 수 있다. 또한, 원격교육은 독립적으로 존재하는 것이 아니라 성격이 유사한 다른 교육방식과 연계되어 있다. 예를 들어, 원격교육이 학습자 중심으로 설계되고 적절한 프로그램 개발이 필요한 비전통 교육인 것과 학습내용이나 학습방법, 학습평가 등을 학습자 개인 스스로 선택할 수 있는 융통성 있는 교육 등은 원격교육과 일맥상통한다. 또한, 학습내용의 지원체제 서비스 제공이나 학습자가 장애 없이 학습할 수 있도록 제도적으로 학습 기회가 열려 있는 열린교육, 융통성과 개방성을 우선시하는 평생교육, 직장인의 재교육이나 여가 선용을 목적으로 하는 성인교육들은 최근에는 원격교육을 통해 해결하고 있다.

2. 원격교육의 이론

키간(Keegan, 1986)은 원격교육을 독립성과 자율성 이론, 교수의 산업화 이론, 상호작용과 커뮤니케이션 이론 등으로 각각 분류하고 있다.

(1) 독립성과 자율성 이론

Peters(1973)와 Holmberg(1977)는 원격교육을 교수자와 학습자가 서로 분리되어 이루어지는 자학자습의 형태로 보았다. 원격교육에서 가르치고 배우는 행위는 교수자와 학습자가 거리상으로 서로 멀리 떨어져 독립적으로 존재하기 때문에 학습의 성과는 전적으로 학습자에게 달려 있다고 말한다. 따라서 원격교육에서는 학습자가 시간과 장소의 지장 없이 언제, 어디서나, 원하는 내용을 다양한 방법으로 배울 수 있도록 학습자에게 선택의 기회를 제공하여 자율성을 보장해 주어야 한다.

〈그림 7-1〉 피터스(Peters)

(2) 교수의 산업화 이론

교수의 산업화 이론에 의하면 학습
자는 독립성과 자율성 이론에 의한
자율적인 학습이 중요하며, 이를 위해
교재를 개발하는 것이 무엇보다 중요
하다. 이는 Moore와 Kearsley(1996)가

〈그림 7-2〉 무어(Moore)

원격교육을 매체 중심의 교육이라고 말한 것과 같은 맥락이다. 따
라서 학습자에게 필요한 교재의 개발은 산업화 시대의 대량 생산
방식과 같이 일정하게 표준화된 대중 매체의 수단으로 개발되어
활용하는 것과 같다. 원격교육에서는 교수자가 아닌 TV나 Radio와
같은 공학적 매체를 사용하기 때문에 면대면 교육의 교재에 해당
하는 이들 매체의 지속적인 평가와 모니터링을 통해 질 관리를 유
지하는 일이 무엇보다 중요하다.

(3) 상호작용과 커뮤니케이션 이론

Garrison과 Shale(1987)은 교수자와 학습자 간 쌍방향 커뮤니케이션
을 통한 상호작용 중심의 원격교육을 강조하였다. 이러한 쌍방향 상호작
용을 위해서는 학습자와 교재, 학습자와 튜터 사이에 이들을 서로 연결
시킬 수 있는 기능이 필요하다. Holmberg(1983, 1989)는 이러한 기능을
'안내된 교훈적 대화'라고 정의한 바 있다. 안내된 교훈적 대화란 학
습자가 교재를 읽을 때, 교수자와 면대면 대화를 나누듯이 구어체로

쓰이고 내면화된 대화가 가능하도록 설
계하는 것을 의미한다. 따라서 원격교
육에 사용되는 교재는 단순히 잘 만든
것이 아니라, 교수자와 학습자가 함께
학습에 관한 내용을 대화하면서 나눌
수 있는 대화의 수단이 되어야 한다.

〈그림 7-3〉 홈버그(Holmberg)

3. 원격교육의 운영조건

원격교육 환경에서는 학습에 가장 적합한 매체를 선정하는 일이
무엇보다 중요하다. Bates(1990, 1995)는 적절한 매체 선정을 위한
기준으로 다음과 같은 ACTIOS 모형을 개발하였다.

접근성(Access): 이는 물리적, 공간적으로 매체에 쉽게 접근할
수 있는 정도를 뜻하는 것으로서, 학습자가 너무 멀리 떨어져 있는
경우 얼마나 쉽게 매체에 접근할 수 있는가를 나타낸다. 뿐만 아니
라 접근성은 학습자가 제작된 매체를 사용할 경우, 너무 복잡하거
나 어렵지 않게 접근할 수 있는 정도를 뜻하기도 한다.

비용성(Costs): 초기 투자비용과 운영 관리 비용에 따른 학습자
수나 강좌 수 등을 가리킨다. 원격교육은 일반 면대면 교육과 달리
값비싼 장비와 인건비, 운영비, 교재 제작비가 필요하다. 따라서 규
모에 알맞은 학습자 수와 과목 수를 고려하여 비용 면에서 가장 합
리적인 운영방안을 마련해야 할 것이다.

교수와 학습(Teaching & learning): 원격교육은 기기나 장비의 활용 이전에 교육이 주된 목적이다. 따라서 교수·학습에 관련된 학습 내용과 구성은 무엇보다 중요하다. 따라서 원격교육의 수행에 있어서는 학습자가 학습목표의 방향성을 상실하지 않도록 학습과 관련된 내용을 수시로 점검하고 알아 갈 수 있도록 구성해야만 한다.

상호작용과 학습자 친밀감(Interactivity & user friendliness): 이는 학습자와 교재, 학습자와 학습자 간의 원활한 상호작용을 가리킨다. 특히, 새로운 장비를 활용하는 경우에는 학습자가 장비를 친숙하게 다룰 수 있도록 배려해야 하며, 학습자끼리 친밀한 상호작용을 통해 협력학습이 촉진될 수 있도록 지원해야 한다.

조직적 특성(Organizational issue): 이는 조직 내에서 원격교육에 관해 제도적이나 행정적, 경제적으로 지원하고 배려하는 관심의 정도를 가리킨다. 원격교육의 성패는 조직의 구성원들이 어떠한 시각으로 바라보는가에 달려 있다. 이는 원격교육이 성공을 거두기 위해서는 교수자나 설계자 혼자서 수행하는 것이 아니라, 조직 내의 지원이 무엇보다 중요하며 보다 적극적이고 능동적인 지원 정책이 마련되어야 가능한 일이기 때문이다.

참신성(Novelty): 이는 학습자가 처음 대하는 매체에 대해 인식하는 정도를 가리킨다. 원격교육에서는 학습자가 새로운 매체를 접할 때 어렵지 않게 도와주어야 하며, 매체의 급격한 발달 정도에 따라 새로운 매체를 접목하여 사용할 수 있는 기술도 익혀 두어야 한다.

신속성(Speed): 이는 선택된 매체를 언제든지 신속하게 수정하거나 변경하는 것을 뜻한다. 원격교육의 원활한 수행을 위해서는 기존에 선정된 매체나 장비가 너무 낡고 고장이 잦은 경우에는 새로

교체를 할 것인지, 혹은 수리하여 계속 사용할 것인지를 빠르게 결정하여 지장이 없도록 해야만 한다.

원격교육이 성공을 거두기 위해서는 지금까지 논의한 ACTIONS 모형 이외에도 학습자의 평가 방법도 함께 고려해야만 한다. 특히, 원격교육의 경우, 면대면 교육과 달리 학습자들이 교수자와 멀리 떨어져서 교육활동이 이루어지기 때문에 학습자 평가에 관한 사항은 특별히 고려해야만 한다. 따라서 원격교육의 평가는 학습자의 부정행위를 막기보다는 부정행위가 필요하지 않도록 평가 환경을 조성하는 일이 우선되어야 한다. 이를 위해 학습자가 친숙하거나 유용한 학습 자료를 미리 제공한다든지, 문제 해결을 돕기 위한 기술적인 지원과 교정 학습을 유도하는 것은 좋은 방법들이다. 아울러 평가 내용은 단순한 지식을 회상하는 수준을 검사하는 것이 아니라, 수행의 향상에 대한 지속적인 평가가 되어야 한다. 따라서 평가 과정을 통해 학습자의 학습 욕구를 유지하고 학습 과정에 대한 평가가 포함 될 수 있도록 설계하고, 단순한 지식 습득 여부에 대한 측정보다는 학습자가 필요한 기능이나 전략을 제대로 사용할 줄 아는 능력을 측정하는 것이 중요하다.

이러한 원격교육의 과정 평가를 위해서는 구성주의 학습 평가를 적용해 볼 수 있다. 즉, 학습자의 전반적인 학습 과정을 알아보기 위해서는 포트폴리오의 활용에 대한 평가나 게시판에 접속한 횟수, 글을 게시한 건수 등 요약된 통계가 필요하다. 또한, 교수자가 학습자를 지속적으로 관찰하여 평가하는 학습자 진단법이라든지, 학습자에게 주어진 주제를 이야기로 구성하도록 하는 시나리오 설계 등은 학습자의 단순한 지식 재생이나 회상에 관한 결과의 평가가 아닌 학습 과정의 평가가 될 수 있다.

4. 원격교육과 사이버교육

원격교육은 사이버교육과 비슷하지만 서로 다른 개념을 갖고 있다. 우선, 원격교육은 정해진 공간에 물리적인 운영기관이 존재한다. 또한, 대중 전파를 주요 매체로 하여 교수자와 학습자가 2차원적인 거리 개념을 갖고 있다. 따라서 원격교육은 교수자의 일방적인 전달 방식을 중심으로 학습자와 상호작용이 이루어지기 때문에 학습자는 단순히 지식이나 정보를 수용하는 수용자 측면이 강하다. 반면, 사이버 교육은 물리적인 운영기관 보다는 정보통신기술을 주요 매체로 하여 교수자와 학습자가 능동적이고 빈번한 상호작용을 이루게 된다. 이처럼 사이버 교육은 공간을 포함한 3차원적 거리 개념으로 학습이 진행되기 때문에 학습자는 보다 적극적인 참여자로서 자기조절 학습이 가능하다. 특히, 원격교육에서 인터넷은 좁은 의미의 사이버 학습 형태이다. 즉, 인터넷 공간에서 학습은 물론 상담이나 평가, 전자우편을 이용한 과제물 제출이 가능하다. 또한, 교수자나 동료끼리 상호작용을 통한 협력학습이나 전자 게시판에 자료를 공유할 수 있으며, 전자 토론, 디지털 방송 자료와 온라인 데이터베이스 및 전자 저널의 이용 등 학습의 형태는 매우 다양하다.

5. 원격교육의 학습 형태

원격교육에서 이루어질 수 있는 학습 형태에는 컴퓨터 지원 협력 학습(CSCL: Computer Supported Collaborative Learning)과 컴퓨터 지원 협력 작업(CSCW: Computer Supported Collaborative Work)이 있다. CSCL은 공동의 목적을 향해 집단이 함께 학습하는 것이고, CSCW는 공동의 과제 수행을 위해 집단적 작업을 지원하고, 나아가 함께 일하는 집단들이 공유하는 인터페이스를 제공하는 일종의 컴퓨터 기반 네트워크 시스템이다. 따라서 CSCL은 학습자들이 공동학습을 효과적으로 수행할 수 있도록 지원하는 것을 목적으로 주로 교육적 상황에서 사용되고 있는 반면, CSCW는 집단적 의사소통과 생산성 촉진을 목적으로 주로 경영 분야에서 사용되고 있다. 그러나 이 두 가지는 동일한 워크스테이션이나 네트워크로 연결된 장소에서 작업하고 있는 다수의 학습자들이 활용할 수 있도록 구성되어 있다.

CSCL에 관련된 대표적인 학습이론은 비고츠키의 사회·문화적 이론과 함께, 구성주의 이론, 문제 기반 학습, 앵커드 수업이론 등이 있다. 비고츠키의 사회·문화적 학습이론에서 협력학습은 개개인의 인지적 획득이 내면화보다는 대인관계적인 것으로서, 이는 사회적 환경과의 상호작용 속에서 최초로 일어난다고 보는 이론이다. 또한, 구성주의 이론은 지식이 고정된 사물이 아니며, 사물에 대한 개인의 경험을 통해서 개인에 의해 지식이 구성되는 것이라고 주장한다. 한편, 문제 기반 학습과 앵커드 수업 이론에서 학습이란 습득해야 할 내용이 아니라 해결되어야 할 문제에서 시작되는 것이며, 교수자보다는 학습자 중심으로 학습이 변화해야 한다고 말하고 있다. Spiro와 Jehng(1990)은 학습이란 복합적인 표상을 구성하고 지식 단위들을 연결함으로써, 비구조화된 영역에서 지식을 얻을 수 있다고 주장하였다. 따라서 CSCL을 지원하기 위해서는 서로 비슷한 개념들을 연결하여 복합적인 사례를 제시하고, 인지적 융통성 이론과 도제 이론, 상황적 인지이론, 자기 조절적 학습, 상위 인지이론, 협력학습 등이 설계에 반영되어야 할 것이다.

6. 원격교육에서의 상호작용

원격교육에서의 상호작용은 기존의 면대면 교육방식과는 달리 학습자 혼자서 학습을 하고 문제를 해결해 나가는 자기 주도적 학습이기 때문에 상호작용은 더욱 빈번하게 이루어져야 하며, 상호작용 방법 또한 다르게 구성되어 통합적으로 제시되어야 한다. 따라서 웹을 기반으로 하는 원격교육에 있어서 상호 작용은 다음과 같이 학습자와 내용 간의 상호작용, 학습자와 교수자 간의 상호작용, 학습자와 학습자 간의 상호작용이 있다(Moore & Kearsley, 1996).

상호작용의 유형	내용
학습자와 내용	• 하이퍼미디어를 설계할 때 고려되어야 함. • 다른 두 가지의 상호작용과 연계되어 고려되어야 함.
학습자와 교수자	• 전자우편과 게시판, 자료실, 토론방들이 있음. • 학습자의 예정된 반응을 컴퓨터에 입력하는 것이 아님. • 개별이나 집단적으로 의사소통 환경이 되어야 함. • 전자우편은 개별 또는 집단별로 피드백이나 질문을 통한 상호작용적인 의사소통채널임. • 게시판은 공개적으로 자신의 의견을 제시하고, 제시된 타인의 의견을 논평할 수 있는 통로임. • 자료실은 학습 주제와 관련된 안내 기능과 많은 자료를 공유할 수 있음. • 토론방은 공개적인 토론을 통하여 창의적이며 고차원적인 학습목표를 달성할 수 있음.
학습자와 학습자	• 학습자끼리의 공개적인 상호작용은 토론방이나 게시판, 자료실, 전자 우편이 있음. • 비공식적인 대화는 채팅방이나 전자우편 등이 있음. • 강의주제나 과제물에 대한 교수자와 학습자의 의사소통은 컴퓨터 매개통신(CMC: Computer Mediated Communication)이 효과적임.

7. 매체와 원격교육

원격교육에서 사용되는 매체에는 인쇄매체, 방송매체, 텔레컨퍼런싱, 컴퓨터매개통신 등이 있다.

(1) 인쇄매체의 활용

교과서를 비롯한 교수자와 학습자용 매뉴얼과 팸플릿, 학습지 등의 인쇄매체는 읽기 능력이 부족한 학습자에게는 사용하기 어려운 단점이 있다. 그러나 비교적 사용이 쉽고 경제적이며, 매체를 구하기가 용이하기 때문에 가장 널리 쓰이고 있다.

원격교육에서의 인쇄매체는 단순히 학습내용을 제시하는 수준을 넘어서야 한다. 즉, 학습자의 사고를 자극시키며, 학습활동을 지원하고 다른 매체와 함께 복합적으로 사용할 수 있어야 한다. 특히, 교수자 없이 학습자 혼자 공부하는 원격교육 상황에서는 교수자와 함께 대화하듯이 구어적 형태로 제작되어 학습자와 교과서의 끊임없는 지적인 모의대화가 가능해야 한다(Holmberg, 1989). 이와 함께 인쇄매체는 동기유발 측면이 강조될 때 원격교육에서의 학습효과를 극대화할 수 있다(Lockwood, 1992; Hartley, 1995).

이를 위해 인쇄매체의 제작은 학습자의 활발한 사고활동을 유도하기 위한 질문이나 연습 문제를 포함시켜야 한다. 즉, 학습자의 반응을 유도하거나 내용의 이해도를 묻는 내용으로 구성하여 인쇄매체 속에서 교수자와 학습자의 상호작용을 충분히 지원하고, 다양한 지시문을 사용해 학습자의 활동을 촉진시켜야 한다. 또한, 다른 매체와 마찬가지로 학습자의 동기유발과 동기유지 전략이 필요하며, 학습자 중심의 구어체 표현과 함께 문장표현은 가능한 간단하고 명확하게 제시해야만 한다.

원격교육에서의 인쇄매체는 학습자 중심의 원고가 집필되고 구성되어야 한다. 즉, 그림이나 삽화, 표의 경우에는 이를 적절히 활용하여 보다 자세하게 구체적으로 설명해야만 한다. 이와 함께 원격교육의 학습 상황은 학습자 혼자서 학습하기 때문에 주어진 문제를 스스로 해결해 나가야 한다. 따라서 자기 주도적 학습과 함께 문제 해결력을 키울 수 있도록 설계되어야 하며, 면대면 학습상황에서는 대수롭지 않게 생각되는 내용까지도 구체적으로 설명해 주어야 한다. 또한, 인쇄매체의 활용을 위해서는 학습자를 위한 교과서만이 아니라 교과서를 보조할 수 있는 학습자와 교수자용 학습지침서나 팸플릿, 시뮬레이션, 실습 등을 해 볼 수 있는 실습용 인쇄매체와 같은 보조 교재가 함께 제작되어야 할 것이다.

(2) 방송매체의 활용

방송매체는 인쇄매체와는 달리 대중매체로서 여러 사람에게 많은 정보를 제공할 수 있는 대량성을 갖고 있다. 또한, 전파를 활용하여 제공되기 때문에 인쇄매체에 비해 빠른 신속성을 갖고 있으며, 공간을 초월해 누구에게나 제공될 수 있는 동시성도 지니고 있다. 그러나 방송매체는 일방적인 정보 제공과 함께 송신자 중심으로 정보가 제공되고, 나아가 학습 내용이 많거나 복잡한 경우에는 미리 녹화해 두어야 한다. 그렇지 않으면 방송매체의 일시성으로 인해 지난 정보를 듣거나 볼 수 없는데, 이는 문자 매체에 비해 전달 능력이 떨어지는 단점이 되고 있다.

방송매체의 종류에는 여러 가지가 있으나, 라디오(Radio)를 비롯하여 카세트와 같은 음성 매체와 TV, VTR, 케이블 TV와 같은 영상매체가 있다. 다음은 음성 매체와 영상 매체의 교육적 특성을 각각 나타낸 것이다.

〈표 7-2〉 음성 매체와 영상 매체의 교육적 특성

음성 매체	영상 매체
• 읽기 전달 매체로서 유용함. • 다른 일을 하면서 들을 수 있음. • 언어를 사용하여 학습하기 때문에 흥미를 유지할 수 있음. • 다른 매체에 비해 친근감이 있음. • 글자로 표현할 수 없는 내용을 언어로 제공할 수 있음. • 학습자를 격려하고 동기부여가 쉬움. • 느낌과 감성을 쉽게 자극할 수 있음. • 인터뷰 등을 통해 학습자가 참여할 수 있음.	• 모형이나 그림을 이용하여 추상적인 이미지의 구현이 가능함. • 애니메이션을 활용하여 내용 전달 과정이 단순하고 명료함. • 편집 기능을 활용하여 시간을 단축할 수 있음. • 분할 화면을 통해 두 상황을 동시에 비교할 수 있음. • 저속이나 고속 동작을 재현할 수 있음. • 접근하기 힘든 상황이나 장소를 생생하게 보여줄 수 있음. • 입체 화면을 제공할 수 있음. • 정서적으로 바람직한 감정과 학습동기를 유발할 수 있음.

한편, 기존의 TV와 달리 최근에는 다 채널 및 난시청 해소를 위해 케이블로 가입자를 연결하여 정보를 제공하는 케이블 TV(CATV)가 널리 사용되고 있다. 이는 컴퓨터를 연결한 다기능 장비를 사용하여 홈뱅킹이나 홈쇼핑과 같은 부가 서비스를 제공하고 있으며, 향후 교육적 매체로 활용 가능성이 높아질 것이다. 아래 그림은 기존 TV와 케이블 TV의 특성을 각각 나타낸 것이다.

〈표 7-3〉 기존 TV와 케이블 TV의 특성

항목	기존 TV	케이블 TV
서비스 지역	• 광역성	• 협소성
서비스 대상	• 불특정 다수	• 가입자
제공 서비스	• 공중파 방송	• 공중파 방송, 정보통신
전송매체	• 무선	• 동축 케이블, 광섬유
수신 상태	• 화질이 고르지 못하고 전파 방해가 있는 지역은 난시청 가능성이 있음.	• 유선을 이용한 전송 시스템으로 언제, 어디서나 고품질의 화면을 제공함.

커뮤니케이션	• 단방향 • 방송국의 일방적인 정보전달	• 쌍방향 • 방송 센터와 시청자 간의 상호 의사소통이 가능한 쌍방적 관계임.
전송방식	• 공중파를 이용한 무선 전송	• 케이블을 이용한 정보 전송으로 화질이 선명함.
채널수	• 소 채널 • Radio 대역인 30~300MHz 주파수 영역에서 VHS로 방송됨으로 최대 7개 채널 생성	• 다 채널 • 최고 107개의 채널 생성
요금	• 시청료	• 시청료, 가입료
주요 구성기기	• 방송국, TV	• 유선 방송국, 전송로(유선), 컨버터, TV

방송매체의 활용 전략에는 여러 가지가 있으나, 주로 널리 사용되는 음성 매체와 영상 매체의 활용 전략은 다음과 같다.

〈표 7-4〉 방송 매체의 활용 전략

매체의 종류	활용 전략
음성 매체	• 대담, 토의, 인터뷰, 드라마, 자연 음향은 듣기 기능으로 각각 구성함. • 지도, 사진, 챠트, 그림 등의 인쇄물은 듣고 보는 기능으로 구성함. • 보거나 들은 학습 내용에 대해 실습해 볼 수 있는 기능을 제공함. • 질문이나 학습 활동에 대한 지시 사항이 있을 때에는 효과음을 사용함. • 카세트를 들으면서 문제를 풀거나, 가볍게 노트하는 보조 노트의 활용은 학습에 도움이 될 수 있음. • 강의 속도를 알맞게 조절하여 구성하고, 청취 후에는 다음의 학습 순서를 안내함. • 학습 효과를 높이기 위해 시각자료와 병행하여 사용함.
영상 매체	• 다큐멘터리나 드라마, 영화 등은 쉬지 않고 시청할 수 있게 제작함. • 학습에 관련된 자료를 모아 수업 중간에 수시로 활용할 수 있도록 함. • 컴퓨터에 비디오 매체를 연결하여 수많은 학습내용을 찾는 데 도움을 줌. • 지적 요구의 자극을 위해 적절한 극적 효과는 바람직함. • 반복, 예시, 비교, 대조 등의 기법을 변화 있고 적절하게 활용함. • 학습 내용의 구성은 일관성과 변화를 적절히 조화시켜 제시함. • 재정리 및 요약 등을 통해 학습한 내용을 확인하고, 소단원과 주제와의 연관성을 갖도록 구성함.

(3) 텔레컨퍼런싱

텔레컨퍼런싱(Tele conferencing)은 여러 지역을 케이블이나 위성 등으로 연결한 후, 음성이나 그래픽, 문자, 영상 등을 종합적으로 사용하여 각종 회의나 학습을 지원하는 시스템이다. 이는 원격교육에서 지적될 수 있는 교수자와 학습자 사이의 상호작용 문제를 해결할 뿐만 아니라, 학습자들 간의 개별학습과 협동학습을 실시할 수 있는 장점도 있다. 그러나 초기 설치비용과 값비싼 사용료에 대한 문제점도 지니고 있다. 텔레컨퍼런싱 방식에는 음성 기능만을 활용한 오디오 컨퍼런싱 시스템(Audio conferencing system)과 음성을 그래픽이나 사진 자료와 혼합하여 사용하는 오디오 그래픽 컨퍼런싱, 음성 및 그래픽, 동영상을 함께 활용한 비디오 컨퍼런싱(Video conferencing)이 있다. 이 가운데 오디오 컨퍼런싱 시스템은 가장 비용이 적게 드는 저렴한 상호작용 시스템이다. 따라서 텔레컨퍼런싱 활용 학습은 학습자를 둘러싸고 있는 학습 환경과 함께 각자의 여건에 가장 적절한 매체를 선택하거나 매체끼리 혼합하여 사용하는 것이 바람직하다. 지금까지 원격교육에서 활용되는 매체의 종류와 특성을 살펴보았다. 그러나 최근에는 이러한 매체 이외에 인터넷이나 컴퓨터 네트워크를 매개로 하는 컴퓨터 매개 통신(CMC: Computer Mediated Communication)이나 컴퓨터를 활용한 개인 교수형, 반복 연습형, 시뮬레이션, 게임형, 시험형 등의 컴퓨터 보조 학습이 효과적인 교수·학습 매체로 사용되고 있다.

8. 원격교육 지원 시스템

원격교육은 주로 웹을 기반으로 하는 학습자 중심의 학습이 이루어지기 때문에 인터페이스 관점의 상호작용과 구성주의, 문제해결 및 자기 주도 학습, 동기유발 및 웹에서의 학습 내용을 지원하기 위한 다양한 원격교육 지원 시스템이 갖추어져야만 소기의 목적을 달성할 수 있다. 제대로 된 원격교육 지원 시스템이 갖추어야 할 구성 요소는 다음과 같다.

〈표 7-5〉 원격교육 지원 시스템의 구성 요소

요소	내용
학습자 지원 시스템	• 적절한 지원 시스템을 설치하여 학습자들이 시스템 사용법을 사용하도록 도움. • 학습자들이 원하는 지원을 받고 있는지 확인하기 위한 모니터 활동 필요 • 튜터, 관리자, 멘토, 동료 학습자들에 대한 지원 관리가 필요함.
교수자 지원 시스템	• 원격교육에서 교수자의 역할과 학습자와의 상호작용, 학습 안내서 작성, 교수자의 원격학습 운영 전략 등을 지원하고 제작하며 안내하는 시스템을 말함.
튜터 지원 시스템	• 교수자와 학습자의 일방적인 수업이 되어서는 안 되기 때문에 학습을 점검하고 안내하는 튜터의 역할이 중요함. • 튜터는 학습과 학습자에 관련된 다양한 정보가 필요하기 때문에 튜터를 위한 다양한 범위의 정보를 제공해야 함.
평가 시스템	• 평가 관리에 영향을 미치는 원격학습의 특성을 고려한 다양한 지원책이 필요함. • 평가의 형식, 평가 시기, 평가 횟수, 평가의 크기 등을 구체적으로 고려해야 함. • 컴퓨터 기반의 평가에 따른 약점을 보완하기 위해 튜터의 관리뿐 아니라, 포트폴리오에 의한 평가 관리 등 보다 종합적인 평가가 필요함.

원격교육과 함께 최근에 등장한 새로운 교수·학습방법에는 에듀테인먼트(Edutainment)와 유비쿼터스 러닝(Ubiquitous learning)이 있다. 에듀테인먼트는 게임이나 오락 프로그램을 활용하여 학습자의 흥미와 동기를 유발시키는 교육적 목적으로 사용되고 있다. 이는

교육(education)과 오락(entertainment)을 합성한 용어로서, 1973년 영화 제작자인 로버트 헤이만(Robert Heyman)에 의해 처음 사용되었다. 그는 영화 속에 긴박감(suspense), 속도감, 설화 등의 오락적 요소와 자연 세계와 인류 문화에 관해 알리고자 하였다. 최근에는 에듀테인먼트의 의미가 오락적 요소가 담긴 교육 자료나 매체를 뜻하거나 교육적 요소가 담긴 오락물을 지칭하기도 한다. 그렇다면 이러한 오락적 요소를 가미한 에듀테인먼트가 사용된 이유는 무엇일까? 우선 디지털 시대의 도래와 함께 각종 매체 발달에 따른 학습의 개념이 크게 바뀌었기 때문이다. 종전의 일방적이고 선형적 학습에서 벗어나 하이퍼미디어 중심의 학습과 함께 학습자 중심으로 교육방법이 바뀌고 있다. 또한, 학습 세대의 변화와 함께 놀이를 활용한 교육적 효과의 기대, 평생학습의 지원, 몰입 경험의 제공으로 인한 다양한 교육방법의 등장에서 비롯되었다고 생각된다. 에듀테인먼트의 활용은 오락적 요소를 너무 강조한 나머지 자칫 흥미나 관심 위주의 교육이 될 수 있다. 따라서 교육적 효과를 얻을 수 있으며, 동시에 교육과정 속에 스며들 수 있도록 적절하고 올바른 지원이 마련되어야 할 것이다. 특히, 콘텐츠 설계에 있어서는 교육 전문가와 교수자, 전문 개발자들이 협력하여 학습자의 특성과 수준에 맞는 맞춤식 개발이 되어야 할 것이다. 실제 수업과정에서 에듀테인먼트는 동기유발이나 본 학습 지원, 심화학습 지원, 학습정리 지원등 주로 수업 목표를 매력적이고 효과적으로 지원하는 요소로 활용될 수 있다.

유비쿼터스(Ubiquitous)는 1998년 미국 제록스팔로알토 연구소의 마크 와이저(Mark weiser)가 처음 사용하였다. 이는 라틴어로 어디에나 존재하는 의미를 갖고 있으며, 모든 곳에 존재하는 네트워크를 뜻한다. 다시 말해 유선뿐만 아니라 휴대전화, TV, 게임기, 휴대용 단말기, 자동차 네비게이터, 센스 등 모든 정보화 기기를 네트워크로 연결하여 언제, 어디서, 누구나, 어떠한 장치에서도 대용량을 통신망을 사용해 의사소통할 수 있는 것을 의미한다. 특히, 유비쿼터스 러닝(Ubiquitous learning)은 유 러닝(u-learning)이라고도 부르는데, 이는 개방적 학습 자원을 학습자의 필요와 선택에 의해 활용하는 통합적 학습 체제를 의미한다. 우리나라에서는 언제, 어디서, 누구나 편리한 방식으로 원하는 학습을 할 수 있는 이상적인 학습 체제로서 에듀토피아(Education utopia)로 정의하고 있다.

참 고 문 헌

권성호(1998). **교육공학의 탐구**. 서울: 양서원.

김신자(1998). **효과적인 교수설계**. 서울: 문음사.

나일주(1999). **웹기반 교육**. 서울: 교육과학사.

남정권(2002). **학교의 정보통신기술 교육에 있어서 교육공학의 역할**. 2002 춘계학술대회. 한국교육공학연구회. 103~127.

남정권(2007). **체제적 ICT 활용 수업의 이론과 실제: 체제적 프로젝트 기반 수업 설계**. 서울: 원미사.

남정권(2011). **블렌디드 수업 설계전략(개정판)**. 파주: 한국학술정보(주)

박성익 외 4인(1999). **소프트웨어 설계이론**. 한국방송대학교 출판부.

박성익 외 7인(2001). **교육공학탐구의 새지평**. 서울: 교육과학사.

박숙희 · 염명숙(2010). **교수 · 학습과 교육공학**. 서울: 학지사.

백영균(1999). **웹기반 학습의 설계**. 서울: 양서원.

백영균 외 8인(2010). **유비쿼터스 시대의 교육방법 및 교육공학**. 서울: 학지사.

변영계 외 2인(2010). **교육방법 및 교육공학**. 서울: 학지사.

세계 지식 포럼(2000. 10. 20). 매일경제.

송영수(1992). **핵심역량 중심의 접근**. 삼성인력개발연구원.

송영수(2000a). **디지털 시대의 e-learning**. 삼성인력개발연구원.

송영수(2000b). **수행공학**. 삼성인력개발연구원.

유영만(1994). **수업체제설계의 연구동향과 발전방향**. 교육공학연구. 10(1). 한국교육공학연구회.

유영만(1998). **수업체제설계(ISD)**. 서울: 교육과학사.

유인출(2000). **e-learning 시장 동향과 전망**, working paper no.1. (주)

이비즈그룹.

이화여자대학교교육공학과(2001). **21세기 교육방법 및 교육공학**. 서울: 교육과학사.

정인성(1999). **원격교육의 이해**. 서울: 교육과학사.

정인성 · 나일주(1999). **최신교수설계이론**. 서울: 교육과학사.

정재삼(2000). **수행공학의 이해**. 서울: 교육과학사.

지식에서 부를 캐자(2001. 1. 26). 매일경제.

한국교육학술정보원(2001). **ICT 활용 교육 장학지원 요원 연수교재**.

허운나 · 유영만(1995). **교육공학 개론**. 한양대학교 출판부.

Aronson, E. et al.(1978). *The Jigsaw classroom*. Beverly Hills, Calif: Sage Publications.

Bardre, A. N.(2002). Shaping Web Usability: Interaction Design in Context. Addison-Wesley Professional. 김성우 옮김(2002). **웹의 가치는 사용성이 결정한다: 정황에 따른 성공적인 웹 설계전략**. 피어슨 에듀케이션 코리아.

Bates, A. W.(1990). *Application of new technology(including computers) in distance education: implication for training of distance Educators*. Round Table on Training, Common wealth of Learning (Vancouver, British Columbia, April, 2~6).

Bates, A. W.(1995). *Technology, open learning and distance education*. London: Routledge.

Brudr, J. T.(1993). *Schools for Thought*. A Science of Learning in the Classroom. Massachusetts Institute of Technology.

Dale, Edgar(1969). *Audio-visual methods in teaching*. 3d ed. New York: Holt, Rinehart & Winston.

Dick, W. & carey, L.(1996). *The systematic design of instruction*. Glenview, Ⅲ: Scott. Foresman & Co.

Eggen, P. D. & Kauchak, K. P.(2001a). *Educational Psychology: Windows on classrooms*(5th ed.), Upper Saddle River, NJ Merrill Prentice-Hall.

Eggen, P. D. & Kauchak, K. P.(2001b). *Strategies for teachers: Teaching content and thinking skills* (4th ed.). Boston: Ally and Bacon.

Garrison, D. & Shale, D.(1987). Mapping the boundaries of distance education: prlblems in defining the field. *The American Journal of Distance Education, 1*(1). 4~13.

Graham, C. R.(2006). Blended Learning Systems. In C. J. Bonk, C. R. Graham (Eds.), *The Handbook of Blended Learning* (3~21). CA: Pfeiffer An Imprint of Wiley.

Heinich, R., Molenda, M., Russell, J. & Smadino, S.(1996). *Instructional media and the new technologies for learning.* New York: Macmillan Publishing Company.

Heinich, R., Molenda M., Rusell J. D., and Smaldino S. E.(2002). Instructional Media and Technologies for Learning. Prentice Hall, Inc. 설양환 외 7인 옮김(2002). **교육공학과 교수매체**. 피어슨 에듀케이션 코리아.

Hill, J.(2000). *Getting your message heard.* Session presented at a meeting of the Front-Range Chapter of International Society of Performance Improvement, Denver.

Holmberg, B.(1977). *Distance education: a survey and bibliography.* London: Kogan Page.

Holmberg, B.(1983). Guided didactic conversation in distance education. In D. Wewart, D. Keegan & B. Holmberg(eds.). *Distance education: International perspectives.* London: Routlege.

Holmberg, B.(1989). *Theory and practice of distance education.* New York: Routledge.

Kagan, S.(1985). Co-op co-op: A flexible cooperative-learning technique. In R. Slavin, S. Sharan, S. Kagan. R. Hertz-Lazarowitz, C. webb., & R. Schmuck(Eds.), *Learning to cooperate, cooperating to learn* (pp.437~452). New York: Plenum.

Kaufman, R.(1995). *Mapping educational success.* CA: Corwin Press.

Keegan, D.(1986). *The foundations of distance education*. London: Croom Helm.

Khan, B. H.(1997). *Web-Based Instruction*.(Ed), Englewood Cliffs, NJ. 07632.

Kommers Piet A. M. & Grabinger Scott & Dunlap Joannac.(1996). *Hypermedia Learning Environments*. (Ed), Instructional Design and Integration, NJ: LEA.

Mager, R. F.(1984). *Preparing instructional objectives* (2nd ed.). Belmont, CA: Fearon-Pittman.

Michaelsen, L. K., Knight, A. B. & Fink, L. D.(2004). *Team-based Learning: A Transformative Use of Small Groups in College Teaching*: Sterling, VA: Stylus Publishing. 이영민 외(역)(2009). **팀 기반 학습**. 서울: 학지사.

Moore, M. & Kearsley, G.(1996). *Distance education: A systems view*. Boston: Wadsworth Publishing Company.

Nurmi Ville(1999). HRD Innovations: A Case Study From the Finnish Paper Industry. *European Conference on Educational Research*, Lahti. Finland. 22~25.

Peters, O.(1973). *Didatic structure of distance education*. Weinheim: Beltz.

Reiser, R. & Dempsey, J. V.(2002). *Trends and Issue in Instructional Design and Technology*. Times Roman: Carlisle Communications, Ltd.

Reiser, R. & Dick, W.(1996). *Instructional planning*(2nd ed.). Boston: Allyn and Bacon.

Rosenberg, M. J.(2001). *E-learning*. McGraw-Hill Companies, Inc.

Rossett, A.(1987). *Training needs assessment*. Englewood Cliffs, NJ: Educational Technology Publications.

Rossett, A.(1991). Needs assessment. In G. Anglin(Ed), *Instructional technology: past, present and future*. Englewood, Colorado: Libraries Unlimited, Inc.

Rothwell, W.(2006). Getting Started in e-Learning and Blended

Learning. In W. J. Rothwell, M. N. Butler, D. L. Hunt & J. Li, C. Maldonado, K. Peters, D. J. King stern (Eds.), *The Handbook of Training Technologies* (173~182). CA: Pfeiffer An Imprint of Wiley.

Sharan, S. & Hertq-Lazarowitz, R.(1980). A group investigation method of cooperative-learning in the classroom. In Sharan, S. et al. (Eds.). *Cooperation in Education*. Prove, Utah: BYU Press, 14~46.

Slavin, R. E.(1980). *Using student team learning*. Baltimore, MD: Center for Social Oragnization of Schools. Johns Hopkins University.

Slavin, R. E.(1990). *Cooperative-learning: theory, research, and practice*. Englewood Cliffs, NJ: Prentice-Hall.

Smith P. L. & Ragan. T. J.(2005). *Instructional design* (3rd ed.). John Wiley & Sons, Inc.

Terri T. B.(2002). Technology Teaching Lab: A program of experience. *TechTrends*, 46(1). 45~51.

Thomas M., Mitchell M. & Joseph R.(2002). The Third Dimension of ADDIE: A Cultural embrace. *TechTrends*, 46(2). 40~45.

색 인

(ㅇ)

남정권 (南廷權)

충남대학교 전자공학과 졸업(공학사)
한양대학교 교육대학원 공업교육과 졸업(교육학 석사)
한양대학교 일반대학원 교육공학과 졸업(교육공학 박사, Ph. D)
가톨릭대 · 성결대 · 숙명여대 · 순천향대 · 인천대 · 인하대 ·
한양대학교 강의
2005 수능 평가기준 개발위원(한국직업능력개발원)
정보소양 인증시험 출제위원(한국교육학술정보원)
교육과정 심의위원(교육과학기술부)
2종 교과서 심의위원(교육과학기술부)
출판사업 기획위원(한국교육신문)
국정도서 집필위원(한국직업능력개발원)
전국실천중심교수 · 학습자료 협의회장(교육과학기술부)
전국 교육 자료전 심사위원(한국교원단체총연합회)
홍보위원(한국교원단체총연합회)
교섭위원 및 부대변인(경기도교원단체총연합회)

『EBS 수능 choice 정보기술기초』(2003)
『시선집중 정보기술기초 문제집』(2004)
『최종점검 직업탐구 공업계열』(2005)
『WBI 환경과 자기조절학습』(2006)
『체제적 ICT 활용 수업의 이론과 실제』(2007)
『블로그 활용 수업의 실제』(2008)
『고등학교 디지털논리회로』(2011)
『기업가 정신』(2011)
『블렌디드 수업설계전략(개정판)』
『만화 속 교직실무』(2011)
「학교의 정보통신기술 교육에 있어서 교육공학의 역할」(2002). 춘계학술대회. 한국교육공
학연구회. 103-127.
「2005 수능 직업탐구영역의 과목별 성취기준과 평가기준 개발」(2003). 한국직업능력개발
원. 수탁연구.
「진정한 이러닝을 위한 EBS 수능 인터넷 강의 전략」(2004). 춘계학술대회. 한국교육공학
연구회. 103-119.
「웹 기반 학습 환경에서 집단유형과 과제유형에 따른 자기조절학습 효과에 관한 연구」
(2005). 교육방법연구. 17(1). 19-40.
「학교교육에서 SNS의 교육적 활용: 제13회 교육정보화 수요포럼」(2010. 10. 06). 한국교
육학술정보원(KERIS).
「전문계 고등학교에서 팀 기반 학습방법이 학습자의 과제수행, 학습활동, 동기에 미치는
영향」(2011). 직업교육연구학회지. 30(2)51-71.
「공업계 고등학교 수업에서 팀 기반 학습모형 적용에 관한 형성적 연구」(2011). 대한공업
교육학회지. 36(2)1-23.
「전문계 고등학교에서의 프로젝트 학습 인식에 관한 연구」(2011). 대한공업교육학회지.
36(2)273-292.
외 다수

이메일: iamnjk@paran.com

교육공학의 기초

초판인쇄 | 2012년 3월 30일
초판발행 | 2012년 3월 30일

지 은 이 | 남정권
펴 낸 이 | 채종준
펴 낸 곳 | 한국학술정보㈜
주　　소 | 경기도 파주시 문발동 파주출판문화정보산업단지 513-5
전　　화 | 031) 908-3181(대표)
팩　　스 | 031) 908-3189
홈페이지 | http://ebook.kstudy.com
E-mail | 출판사업부 publish@kstudy.com
등　　록 | 제일산-115호(2000. 6. 19)

ISBN　　978-89-268-3253-0 93370 (Paper Book)
　　　　　978-89-268-3254-7 98370 (e-Book)

내일을여는지식 은 시대와 시대의 지식을 이어 갑니다.